El Modelo
COACH™

PARA LÍDERES JUVENILES

**APTITUDES DE LIDERAZGO EFICACES PARA RESOLVER
PROBLEMAS, ALCANZAR OBJETIVOS Y DESARROLLAR VIDAS**

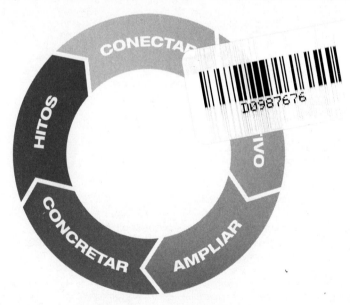

por Félix Ortíz y
Keith E. Webb

La misión de Editorial Vida es ser la compañía líder en satisfacer las necesidades de las personas, con recursos cuyo contenido glorifique al Señor Jesucristo y promueva principios bíblicos.

EL MODELO COACH PARA LÍDERES JUVENILES
Edición en español publicada por
Editorial Vida – 2015
Miami, Florida

© 2015 por Félix Ortíz y Keith E. Webb
Este título también está disponible en formato electrónico

Edición: Madeline Diaz
Diseño interior: *Juan Shimabukuro Design*

ISBN: 978-0-8297-6461-1

Categoría: Ministerio cristiano / Recursos pastorales

IMPRESO EN ESTADOS UNIDOS DE AMÉRICA
PRINTED IN THE UNITED STATES OF AMERICA

15 16 17 18 19 RRD 6 5 4 3 2 1

CONTENIDO

Esquemas mentales
del **COACHING**

«Los analfabetos del siglo XXI no serán quienes no puedan leer y escribir, sino quienes no puedan aprender, desaprender y reaprender.»

—*Alvin Toffler*

Padezco una grave enfermedad. Afecta a mucha gente, independientemente de su educación, economía o raza. La padecen desde los catedráticos hasta los obreros de una fábrica. Afecta a personas de todo el mundo: África, Asia, Europa, Oriente Medio, América del Norte y del Sur. Las personas de fe no son inmunes. De hecho, quizás tengan una tasa más alta de infección. A veces, las personas sin fe presentan los síntomas más fuertes de la enfermedad. Hay quien dice que esta enfermedad no existe; o que, si existe, es solo en los demás.

Se trata del *sabelotodismo.*

El sabelotodismo afecta la capacidad de la mente para retener información y procesarla sin prejuicios. Esta enfermedad deja a los afectados ciegos a opiniones, respuestas y soluciones que no sean las suyas propias.

La infección se manifiesta en dos variantes: la agresiva y la pasiva. Ambas hacen creer a la persona infectada que sus ideas son siempre correctas y mejores que las de los demás. La diferencia entre ambas variantes de la infección es la manera en que se expresa dicha creencia.

Los síntomas del *sabelotodismo agresivo son*:

- Apresurarse a hablar
- Escuchar solo hasta que la otra persona respira
- Tener una respuesta para todo
- Ganar discusiones, pero perder el respeto

Los síntomas del *sabelotodismo pasivo son*:

- Hacer ver que se está escuchando

- Mantener una expresión facial petulante

- Plantear preguntas para demostrar sutilmente que el otro está equivocado

- Burlarse o criticar internamente al que habla

¿Te traen estas descripciones un par de personas a la mente? Estamos rodeados de personas afectadas por el *sabelotodismo*. Sin embargo, la capacidad de detectar el *sabelotodismo* en los demás puede ser una señal de que nosotros mismos estemos infectados. De aquí en adelante, intenta leer para tu propio beneficio y no tanto con el propósito de «arreglar» a otros.

El sabelotodismo diagnosticado

Como tantos y tantos líderes cristianos del mundo de habla hispana, crecí y me formé con la premisa y la firme convicción de que quien dirige es responsable de tener todo el conocimiento, saber la respuesta a todas las posibles preguntas, tener la capacidad de decirle a los demás qué es lo que deben hacer en cada momento y proveer visión, dirección, estrategias y recursos para el resto de las personas bajo su responsabilidad.

En el entorno en el que crecí y me desarrolle como líder, yo debía aconsejar a las personas y ayudarles a tomar decisiones en un amplio abanico de situaciones, desde quién era la persona con la que debían entablar matrimonio hasta que tipo de estudios o carrera profesional debían elegir. Los jóvenes bajo mi responsabilidad esperaban eso de mí, y yo, debido a mi formación y a mi paradigma de liderazgo, lo asumía como normal y natural.

Las ideas, opiniones y visiones alternativas de otras personas me generaban en muchas ocasiones inseguridad y, aunque en el fondo pudiera reconocer su valor e incluso que eran mejores que las mías, rara vez las aceptaba. Hacerlo hubiera supuesto minar mi propia autoridad como líder.

Sin embargo, muchos jóvenes tuvieron que vivir asumiendo las consecuencias de mis consejos, los cuales, a pesar de mis buenas intenciones, no siempre fueron los mejores, puesto que yo los daba desde mi experiencia, desde mi realidad, en base a aquellas cosas que para mí habían funcionado. Todavía no había entendido que cada ser humano es único y singular. Ni que, consecuentemente, lo que es bueno para uno puede ser nefasto para otro.

Este paradigma de liderazgo, este sentido de responsabilidad por la vida de las personas se me iba haciendo cada vez más difícil de soportar y manejar. Fue entonces cuando entré en contacto con mi amigo Keith y asistí a una de sus capacitaciones sobre las herramientas básicas del coaching. Puedo afirmar que lo que aprendí allí cambió mi estilo de liderazgo de una forma drástica y radical, y me dio acceso, no solamente a nuevas habilidades y herramientas, sino también a un nuevo paradigma de liderazgo.

«Mejorar es cambiar; ser perfecto es cambiar a menudo.»

—*Winston Churchill*

El Espíritu Santo

Una de las cosas que más me impactó de la capacitación que Keith dirigía fue la parte en que se explicaba el rol del Espíritu Santo, especialmente según la afirmación de Jesús tal y como aparece en el evangelio de Juan:

«Pero el Consolador, el Espíritu Santo, a quien el padre enviará en mi nombre, les enseñará todas las cosas y les hará recordar todo lo que les he dicho.» (Juan 14.26).

El énfasis que el pasaje hace, y que Keith recalcaba, sobre la responsabilidad del Espíritu Santo en enseñarnos todas las cosas y recordarnos las palabras de Jesús fue todo un impacto para mí. Como líder, toda mi vida había asumido y dado por sentado que esas dos eran, precisamente, *mis* responsabilidades: enseñar y recordar a mis seguidores todo lo que debían saber y hacer. De hecho, ¡era lo que mis propios líderes hacían conmigo! En la misión para la que trabajo, y en mi iglesia local, todos consideraban que los responsables y quienes dirigían tenían el deber de enseñar y recordar, de decirles a las personas lo que en cada situación se esperaba de ellas. ¡Fue todo un descubrimiento aprender que esa es la tarea del Espíritu Santo de Dios!

Keith cuenta como él mismo tuvo que enfrentarse a esta realidad cuando estaba estudiando una maestría y asistió a unas clases de C. Peter Wagner. El tema era la multiplicación de iglesias, y un día el Dr. Wagner les habló del crecimiento tremendo de las iglesias independientes en África central durante los años 80. Mostró unos gráficos que ilustraban el acentuado incremento de las cifras de asistencia durante ese periodo. En esa época, algunas de las iglesias más grandes del mundo se hallaban en África central y estaban dirigidas por africanos. No eran iglesias que formaran parte de una denominación extranjera; se trataba de iglesias autóctonas.

Al fondo del aula, alguien levantó la mano, se puso de pie, y con una voz cargada de emoción dijo: «Pero Dr. Wagner, ¡la mayoría de esas iglesias son heréticas! La mayoría de esos pastores africanos son corruptos y extremadamente autoritarios. Su teología es una mezcla de prácticas animistas y cristianismo. Una de las más grandes de estas iglesias independientes ni siquiera cree en la deidad de Cristo. ¿Cómo puede ponerlas como ejemplo de crecimiento de la iglesia?»

El Dr. Wagner sonrió y dejó escapar una risita entre dientes. Luego, acariciando su blanca y puntiaguda barba, explicó que hasta el año 325 DC el

Concilio de Nicea no se había puesto de acuerdo sobre la deidad de Cristo, y que tardaron 75 años más en poder describir la Trinidad. Y hasta el Sínodo de Hipona del año 393 no se aprobó el Canon de las Escrituras que tenemos hoy en día.

«Por tanto», concluyó, «si podemos dar al Espíritu Santo un par de cientos de años para trabajar esas cosas con los primeros líderes de las iglesias, pienso que también podemos darle un par de décadas para trabajar esos asuntos con nuestros hermanos y hermanas africanos».

Keith dice que escuchar eso le causó una honda impresión. Por un lado, le chocó, y pensó que era una de las afirmaciones más irresponsables que había oído jamás. Después de todo, como ministros, ¿cuál es nuestro trabajo si no asegurarnos de que la Biblia se enseñe y aplique correctamente? Contamos con las Escrituras, nuestra autoridad final en la fe y la acción, y si un creyente cree o se comporta de una manera claramente no bíblica, ¿no debemos acaso hacerle ver su error? Al escuchar el relato de Keith me di cuenta de que mi alta consideración de las Escrituras no era incorrecta, pero mi comprensión y mi dependencia del Espíritu Santo eran débiles.

Keith afirma que él también se sintió tocado. Para ser honesto, debía reconocer que él tampoco confiaba en el Espíritu Santo, y solo en el Espíritu Santo, para corregir los problemas de la iglesia africana. Hasta ese momento había pensado, incorrectamente, que su ayuda o la de otros cristianos era necesaria. ¡A tal punto puede llegar la arrogancia del ministerio! Por otro lado, el Dr. Wagner confiaba en que el Espíritu Santo iba a hacer lo que Dios quisiera, sin su ayuda, ni la del seminario Fuller, ni la de la iglesia americana.

Aquí pueden deducirse dos cosas muy importantes sobre la responsabilidad del liderazgo. Dos lecciones que ambos tuvimos que aprender:

1. No es responsabilidad nuestra cambiar a otros. El Espíritu Santo puede hacerlo Él mismo, y lo hará; quizás con nuestra ayuda, pero a menudo sin nuestra ayuda.

2. No es responsabilidad nuestra corregir todo lo que pensamos que no se ajusta a las Escrituras, a las políticas de la iglesia o a las mejores prácticas cristianas. El Espíritu puede decidir contar nosotros, o puede tener otros medios u otro momento en mente.

Para dos líderes infectados de *sabelotodismo,* darse cuenta de esto fue completamente revolucionario.

El precio del consejo

Ya en el siglo XVII el escritor francés François de La Rochefoucauld afirmaba que: «*Nunca damos otra cosa con tanta liberalidad como nuestros consejos*».

Tenía toda la razón. Los consejos se dan con mucha facilidad, alegremente, y hasta en ocasiones frívolamente. Sin embargo, si deciden ponerlos en práctica, las personas tienen que vivir con las consecuencias de nuestros consejos. Y, seamos honestos, no siempre nuestros consejos han sido acertados ni sus consecuencias las esperadas. Porque, como afirmaba anteriormente, cuando aconsejamos lo hacemos desde nuestra realidad y experiencia, apelando a lo que nos funcionó a nosotros en el pasado, y sin tener en cuenta la singularidad de cada ser humano. Pero la persona debe afrontar las consecuencias y lidiar con los resultados, sean buenos o sean malos. Cuando miro hacia atrás pienso con tristeza en tantos consejos bienintencionados dados a los jóvenes bajo mi responsabilidad, y en cómo muchos de ellos fueron erróneos y, aunque sin intención, causaron dolor y sufrimientos inesperados.

Keith narra cómo llegó a la conclusión del peligro de aconsejar a otros:

Tuve un cambio radical en mi manera de pensar después de que nos trasladáramos con la familia a Indonesia, el país musulmán más grande del mundo.

Una vez allí, trabajé con organizaciones cristianas locales sirviendo a grupos indígenas en zonas remotas del país. Estos grupos eran musulmanes. Como es de imaginar, a los radicales de esos lugares no les gustaba que las ideas relacionadas con la fe en Jesús corrieran libremente, e intentaban sacarse de en medio todo lo que pudiera considerarse competencia con el dominio islámico. Durante los años que estuve en Indonesia, los radicales detonaron bombas en Bali y Yakarta, atacaron iglesias cristianas y amenazaron a los extranjeros constantemente.

Con ese panorama empecé a trabajar con jóvenes cristianos indonesios que querían ayudar a paliar la pobreza, enseñar a los niños su propia lengua, y compartir las buenas nuevas de Isa al Masih (Jesús el Mesías) con sus conciudadanos. La mayoría de estos creyentes indonesios tenían entre 18 y 21 años, y contaban solamente con formación secundaria y tres meses de formación bíblica.

Estaban dispuestos a aprender de mí. Valoraban mis ideas y querían más. Incluso descubrí que si les aconsejaba algo, ellos sin dudarlo iban y lo hacían. Pensé: «¡Por fin alguien me escucha!» Me sentí validado, importante y apreciado.

Aunque, al menos en mi mente, trataba de permitirles a mis amigos indonesios tomar sus propias decisiones, lo cierto es que yo les daba muchos consejos. Ellos iban y llevaban a la práctica un plan basándose en mis recomendaciones, para luego volver a preguntarme cuáles eran los pasos siguientes. Les decía que debían pensarlo ellos mismos, pero de alguna manera (y sin mucho esfuerzo) conseguían que les soltara mi consejo sobre la situación. Entonces, iban y hacían lo que les había aconsejado.

Ahí me di cuenta de lo siguiente. Descubrí que los jóvenes americanos, australianos o europeos, procedentes de sociedades igualitarias, me escuchaban, tomaban la parte de mi consejo que les resultaba útil y descartaban el resto. Sin embargo, Indonesia es una sociedad socialmente jerarquizada en la que se escucha y se sigue el consejo de las personas de mayor rango o cargo. Así que, aunque les decía que debían hacer las cosas a su manera, mis amigos indonesios se tomaban mis consejos de manera bastante literal. Creían que un buen seguidor hace lo que su maestro le dice que haga. No hacerlo sería irreverente.

Un día, mientras reflexionaba sobre esta situación, caí en la cuenta de que mis consejos podían provocar que esos jóvenes fueran asesinados, golpeados o que tuvieran que huir de los pueblos en los que estaban sirviendo. De repente, dar consejos adquirió un precio muy alto. ¿Quién era yo para tomar decisiones de vida o muerte por esas personas? ¡Esas decisiones no eran cosa mía! Cada persona y equipo debía escuchar al Espíritu Santo en lo que concernía a los próximos pasos a dar. Si el Espíritu Santo los conducía a algún lugar o a hacer algo que implicara persecución, entonces es que era la voluntad de Dios. ¡Era crucial que escucharan a Dios y no a mí!

Aun así, como persona afectada por el *sabelotodismo,* yo no estaba equipado con las aptitudes comunicativas necesarias para cultivar su capacidad de escuchar al Espíritu Santo. No sabía cómo hacer aflorar lo que estaban escuchando y experimentando, ni como ayudarles a procesar toda esta información, convirtiéndola en pasos concretos que procedieran genuinamente del Espíritu.

¿Qué debía hacer? De repente recordé que unos años atrás había oído hablar del *coaching no directivo.* Por pura desesperación, empecé a practicar la manera de pasar del rol de consejero al de coach. Me centré en escuchar. Me resistí a hacer afirmaciones. Me compré un par de libros y escribí algunas preguntas clave que podía plantear a los indonesios. Fue un proceso realmente difícil. Sin embargo, poco a poco fui progresando...

Escribo ahora como un aprendiz más. Como alguien que, por naturaleza, no sabe escuchar, hacer preguntas, ni ayudar a las personas. He aprendido algunas valiosas técnicas de coaching que han transformado mis interacciones con las otras personas. Las ideas y los consejos me siguen viniendo a la mente, pero he aprendido a controlar mi propensión a decirle a la gente lo que debe hacer y, en lugar de esto, ahora me valgo de preguntas para hacer aflorar sus pensamientos e ideas.

En cierto modo, soy la persona menos indicada para escribir sobre las aptitudes para el coaching, porque me resulta muy poco natural. Aún hoy en día sigo teniendo una predisposición a dar consejos. Sin embargo, al no ser estas aptitudes algo natural en mi, he tenido que encontrar la manera de aprenderlas. Y al enseñarlas junto a mis colegas, hemos visto a miles de personas mejorar su capacidad de dirigir y facultar a las personas de manera indirecta, escuchando, haciendo preguntas y ayudando a que encuentren sus propias respuestas en lugar de dárselas nosotros.

Este proceso ha sido un largo pero increíblemente gratificante recorrido. Espero que te unas a mí y podamos echar juntos una mirada más profunda a lo que significa ejercer el coaching con la gente.

Aprende sin ser
ENSEÑADO

«Siempre estoy dispuesto a aprender, aunque no siempre me gusta que me enseñen.»

—*Winston Churchill*

La búsqueda

Siempre me ha apasionado viajar, descubrir y experimentar nuevas culturas. Mi primer viaje internacional fue desde Barcelona a Bélgica cuando tenía tan solo 16 años. Se trataba de un proyecto de formación y evangelización con la organización cristiana Operación Movilización. El viaje fue toda una aventura. Éramos más de 20 adolescentes viajando en la parte posterior de un camión, tapados con toldos y transitando por carreteras secundarias para evitar que la policía detuviera al camión, pues evidentemente era un tipo de transporte ilegal. Sin embargo, para nosotros era toda una aventura ir hasta Bélgica, recibir formación, viajar en una vieja camioneta desde allí hasta España, y recorrer pueblos y pequeñas ciudades compartiendo acerca de Jesús.

Desde aquel primer viaje mi deseo y entusiasmo por viajar, conocer y estar expuesto a nuevas culturas no ha cesado. Más bien diría yo que se ha incrementado con el tiempo. ¡Me fascina la búsqueda, la experimentación y el descubrimiento!

Y he descubierto que el coaching es como una búsqueda. Es un viaje rumbo a lo desconocido, y lo desconocido hace que el viaje se convierta en una aventura. Con el coaching nos embarcamos en una búsqueda, a través de conversaciones, y valiéndonos de preguntas. Es como si quien pregunta se hallara en un viaje hacia lo desconocido. Se arriesga a salir a esa búsqueda porque lo desconocido se vale de nuestros temores y de nuestra imaginación. Cuando preguntas, nunca sabes a dónde te va a llevar la respuesta, porque no sabes lo que la otra persona responderá...

Pero no solamente se embarca en una búsqueda quien pregunta. El receptor de la pregunta también puede lanzarse a una búsqueda cuando reflexiona sobre la misma. Él también descubre cosas nuevas. Las preguntas nos hacen pensar de otra manera, desde otras perspectivas, y considerar nuevos ángulos antes no explorados. Combinamos varias cosas que «ya sabíamos» y llegamos a un sitio nuevo.

Las búsquedas nobles son por el bien de otro. Las respuestas deberían proceder del receptor de la pregunta, no de quien las plantea. Si quien la plantea utiliza las preguntas para conducir a la persona a un sitio concreto, entonces no se trata de una verdadera búsqueda. Planteamos preguntas para que ambos, coach y joven, puedan viajar hacia lo desconocido.

Definición de *coaching*

Nuestra definición de *coaching* pone de relieve cuáles son nuestros valores, nuestros esquemas mentales y nuestro acercamiento en el trabajo con las personas. Actuamos conforme a nuestras creencias. En este libro definimos *coaching* de la siguiente manera:

> *El coaching es una conversación intencional y continuada que capacita a una persona o grupo para vivir con plenitud el llamamiento de Dios.*

Desglosemos y analicemos cada concepto de esta definición:

Conversación intencional: «Intencional» no se refiere a la búsqueda de un resultado predeterminado, sino más bien a unos resultados esperados y a determinada metodología. Esperamos que cada conversación produzca descubrimientos, percepciones y pasos prácticos dirigidos por el Espíritu Santo. Una metodología de coaching utiliza procesos y técnicas comunicativas diseñados para mantener a la persona en el asiento del conductor, reflexionando sobre ideas, tomando decisiones y pasando a la acción.

Continuada: El coaching puede darse en una sola vez, a modo de conversación breve y espontánea. Sin embargo, es mucho más eficaz si se prolonga en el tiempo y hay un contacto periódico. Muchos coaches deciden una pauta de una hora cada dos semanas durante un periodo de varios meses, o bien tener varias conversaciones breves durante la semana.

Capacita: El resultado general de una relación de coaching es que el joven se sienta capacitado. Que sienta que ha crecido, que está más equipado para razonar y resolver situaciones por sí mismo. Durante la relación de coaching, el joven marca la agenda de cada conversación, crea sus propios pasos prácticos y toma sus propias decisiones. No hay manipulación ni dependencia del coach.

Una persona o grupo: El coaching se centra en el individuo. En su reflexión, crecimiento y posterior acción. Pero también se puede aplicar a un grupo. Un grupo de personas con un mismo tema de coaching pueden tratarse simultáneamente. Por ejemplo, los líderes de un grupo juvenil que quieren clarificar cuál o cuáles deberían ser los objetivos del mismo. Cada persona aprenderá en su relación de coaching con los demás. También se puede practicar el coaching con un equipo, centrándolo en las necesidades del equipo y la contribución particular de cada persona para suplirlas. Las necesidades personales de crecimiento de cada miembro del equipo son otro tema que requeriría un coaching individualizado.

Vivir con plenitud: El coaching ayuda a las personas a prosperar, a destacarse y a desplegar todo su potencial en lugar de conformarse. El proceso del coaching fomenta una mayor obediencia a Dios y una mejor sintonía con sus deseos.

El llamamiento de Dios: Aquí es dónde nuestra definición diverge de muchas otras, tanto seculares como cristianas. Creemos y estamos convencidos de que el trabajo del coach consiste en mucho más que limitarse a ayudar a una persona a conseguir lo que quiere. El coach y el joven deben prestar atención también a los propósitos de Dios. El coach ayuda a las personas a ser lo que Dios quiere que sean (Efesios 1.4,5) y a hacer lo que Dios quiere que hagan (Efesios 2.10).

El coaching apoya y fomenta el llamamiento, los dones y el potencial único que Dios ha dado a cada joven. El llamamiento se puede descubrir y esclarecer de muy distintas maneras en la vida de un joven. El coach es tan solo una de las muchas personas capaces de ayudar a discernir el llamamiento de Dios para una persona. A lo largo del proceso de coaching, el coach intenta ayudar al joven a esclarecer lo que Dios le está diciendo y ayudarle a discernir lo que significa vivirlo.

El Espíritu Santo, el Cuerpo de Cristo, y el coaching

A los cristianos, como a muchas otras personas, nos encanta enseñar, dar consejos y corregir. Pero da la impresión de que abusamos de dichas actividades. Este hábito procede de una comprensión incompleta del papel que juegan el Espíritu Santo y el Cuerpo de Cristo, así como de una falta de técnicas de comunicación no directiva.

En el primer capítulo compartíamos nuestra comprensión del Espíritu Santo y Su habilidad perfecta para enseñar y recordar al coach y a la persona con la que estamos trabajando. Profundicemos más en esto.

Todos los cristianos tienen al Espíritu Santo en su interior. Jesús envió a los creyentes un Ayudador (Juan 14.15-18) para enseñarles y recordarles (Juan 14.26). Los coaches cristianos no son un substituto para el Espíritu Santo. En nuestro afán por ayudar, es fácil olvidar esto. Nuestros conocimientos, experiencia, intuición y discernimiento espiritual nos pueden tentar a sacar conclusiones y hacernos creer que sabemos lo que la otra persona necesita. Pero más importante que la perspectiva del coach es la perspectiva del Espíritu Santo, y cómo Él dirige a la persona.

Un postulado básico y bíblico es que Dios ya está obrando en la persona que se halla en el proceso de coaching.

«Pero Jesús les respondía: "Mi Padre aun hoy está trabajando, y yo también trabajo... Ciertamente les aseguro que el hijo no puede hacer nada por su propia cuenta, sino solamente lo que ve que su padre hace..."» (Juan 5.17, 19a).

Si Jesús no podía hacer nada por sí mismo, ¿cómo no vamos a poder nosotros dejar de lado nuestras agendas, estrategias y planes para un joven y, en su lugar, unirnos a lo que el Padre está haciendo en esa persona o a través de ella? Él seguirá obrando en la vida del joven, con o sin nosotros. Como dijo Pablo: «...el que comenzó tan buena obra en ustedes la irá perfeccionando hasta el día de Cristo Jesús» (Filipenses 1.6). Una clave para la eficacia del coaching es que coach y la persona con la que trabajamos entiendan lo que Dios está haciendo y se unan a su trabajo.[3]

El coaching involucra un proceso de discernimiento. Todos los creyentes tienen al Espíritu Santo, pero no todos los creyentes escuchan su voz y saben cómo responder bien. Aprender a escuchar al Espíritu Santo es esencial para entender la voluntad de Dios. El trabajo del coach es animar a la otra persona a reflexionar, a buscar al Espíritu Santo, y a escuchar su voz. En esta tarea, un coach es similar a un buen director espiritual. Richard Foster escribe: «¿Cuál es el propósito de un director espiritual?... Su dirección es conducirnos simple y llanamente a nuestro verdadero director. Es el medio de Dios para abrirnos camino a la enseñanza interior del Espíritu Santo».[4]

Todo creyente tiene al Espíritu Santo, y por tanto todo creyente tiene una conexión directa con Dios sin necesidad de un mediador humano (Hebreos 10.19-20). El discernimiento espiritual, sin embargo, es un proceso social, no individual. Dios dispuso el Cuerpo de Cristo como el entorno social en el que su voluntad se da a conocer, se interpreta y se aplica (1 Corintios 12.12-30). Una persona que no tiene un papel activo dentro del Cuerpo de Cristo no puede entender del todo la voluntad de Dios ni aplicarla en su vida. Maduramos gracias a nuestras relaciones dentro del Cuerpo de Cristo (Efesios 4.11-16).

El coaching puede jugar un papel importante, ayudando a las personas a razonar su proceso de discernimiento espiritual y a hacer partícipes en el proceso a los miembros apropiados del Cuerpo de Cristo. Consideremos la naturaleza social de los humanos: «*Persona* en latín proviene de la palabra griega *prosopon*, que se podría traducir como "cara a cara". Todo ser humano es una persona siempre que se halla cara a cara, frente a otra persona, dialogando, relacionándose. Descubrimos que somos personas en comunidad, con las relaciones.»[5] En el coaching reconocemos que el joven tiene a muchas otras personas en su vida. Esas personas son un precioso recurso, y debemos animar al joven a sacarle partido. El coach nunca debe considerarse a sí mismo como la única fuente de ayuda de nadie.

Proceso frente a contenido

Para ejercer un buen coaching hay que saber distinguir entre proceso y contenido. El contenido de una conversación de coaching incluye el tema de la conversación, los hechos, la información, las ideas y los compromisos. El proceso incluye la manera que coach y el joven tienen de conversar y trabajar con el contenido.

La responsabilidad del proceso y del contenido no recae en ambos de forma equitativa. Esta falta de equilibrio no se da en otro tipo de conversaciones, y es precisamente eso lo que le da tanto poder al coaching. En una conversación entre amigos, el contenido lo proporciona cada individuo de una manera bastante equilibrada. Cada cual comparte sus historias, ideas, sugerencias o consejos. Los maestros, por su parte, son responsables del proceso y del contenido por igual. El coach, en cambio, no proporciona el contenido (la información, ideas o recomendaciones). En el coaching, el coach se centra casi por completo en el proceso, extrayendo casi todo el contenido del interior de la persona, o en este caso, del joven.

Tabla 1

CONTENIDO Y PROCESO EN EL COACHING	
• Contenido • Tema, objetivo, problema • Historias, hechos, información • Ideas, opciones, pasos prácticos • Percepciones, decisiones, compromisos El contenido es primordialmente responsabilidad del joven.	• Proceso • Buscar una localización adecuada • Generar confianza • Hacer aflorar pensamientos e ideas • Escuchar activamente, esclarecer y resumir • Plantear preguntas que lleven al descubrimiento • Desafiar apropiadamente • Colaborar en la creación de un plan de acción • Dar seguimiento a los planes • Ayudar al otro a rendir cuentas y a fijar aprendizajes El proceso es primordialmente responsabilidad del coach.

Observemos, en la Tabla 1, los verbos al principio de cada frase de la columna del proceso. El proceso tiene que ver básicamente con la atmósfera y las dinámicas de la conversación. El coach es el responsable principal del mismo. Todo el proceso está orientado a ayudar al joven a descubrir cosas, a encontrar soluciones y a avanzar en términos de comprensión y de acción. Mientras el coach se centra en el proceso, el joven va encontrando sus propias respuestas...

Compartir las preguntas, no el contenido

Ambos, Félix y Keith, fuimos entrenados en la escuela, la universidad y el seminario, para enseñar, proponer ideas y encontrar soluciones. Todo contenido. Así que, cuando alguien nos plantea un problema, nuestro primer impulso es compartir cómo lo resolveríamos nosotros. Se nos entrenó para proporcionar respuestas (contenido), no para ayudar a las personas a encontrar sus propias soluciones (proceso).

Más adelante en este libro hablaremos acerca de cómo plantear preguntas potentes. Por ahora basta con decir que el plantear preguntas es un método excelente para ayudar a otra persona a escuchar al Espíritu Santo. Las preguntas extraen el contenido del joven de manera natural. Las preguntas fuerzan a la persona a mirar hacia dentro, hacia arriba y a su alrededor en busca de respuestas.

Los ejemplos siguientes ilustran diferentes cosas que pueden surgir en las conversaciones. La primera frase demuestra cómo nos podemos ver tentados a compartir contenido, y la segunda frase nos muestra una pregunta de proceso encaminada a obtener contenido de la otra persona.

Tema

Declaración de contenido: Hoy vamos a trabajar en sobre tu carácter.

Pregunta de proceso: ¿Qué resultado te gustaría obtener de nuestra conversación?

Historias

Declaración de contenido: Así es cómo yo manejé la situación.

Pregunta de proceso: ¿Cómo has manejado este tipo de situaciones en el pasado?

Hechos

Declaración de contenido: Hay tres cosas que necesitas saber al respecto.

Pregunta de proceso: ¿Qué consideras importante saber al respecto?

Información

Declaración de <u>contenido</u>: Puedo prestarte un libro muy bueno sobre este tema.

Pregunta de <u>proceso</u>: ¿Dónde podrías encontrar la información que necesitas?

Ideas

Declaración de <u>contenido</u>: ¿Qué te parece si para publicitar el evento preparas un letrero gigante en forma de mono?

Pregunta de <u>proceso</u>: ¿Qué ideas tienes para publicitar el evento?

Sugerencias

Declaración de <u>contenido</u>: Si yo fuera tú, me sentaría con ella y se lo diría todo.

Pregunta de <u>proceso</u>: ¿Qué opciones ves para resolver esta situación?

Percepciones

Declaración de <u>contenido</u>: Creo que estás viendo la necesidad de ser más disciplinado.

Pregunta de <u>proceso</u>: ¿Qué es lo que percibes luego de lo sucedido?

Pasos prácticos

Declaración de <u>contenido</u>: Esto es lo que quiero que hagas durante esta semana.

Pregunta de <u>proceso</u>: ¿Qué harás para avanzar?

Decisiones

Declaración de <u>contenido</u>: Deberías hacer esto.

Pregunta de <u>proceso</u>: ¿Qué decisión piensas que debes tomar?

El poder del coaching reside en el <u>proceso</u>. Un coach faculta a otra persona para que pueda descubrir por sí misma el camino a seguir. La ayuda a adquirir claridad y conciencia, y a sacar de sí misma el <u>contenido</u>. Un buen coach ayuda a sacar lo que el Espíritu Santo ha puesto dentro de la otra persona.

Aprender sin enseñar

¿De verdad funciona el coaching? ¿Se puede ayudar a un joven sin darle ideas, sugerencias o consejos basados en nuestra propia experiencia? ¡Sí! ¡Y es precisamente por eso que el coaching es tan emocionante! No hay que tener respuestas para los demás, simplemente hay que ayudarlos a pensar en su propia situación y dejar que el Espíritu Santo obre por medio de nuestras preguntas y sus respuestas.

He aquí un ejemplo de conversación que ilustra cómo un coach ha usado el proceso para ayudar a la persona a descubrir el contenido que necesitaba para avanzar. Fijémonos en que el coach no da consejos, sino que sencillamente plantea varias preguntas pertinentes para ayudar al líder de jóvenes a aprender algo nuevo.

UN CASO A MODO DE ILUSTRACIÓN

Carlos era un pastor de jóvenes que trabajaba a tiempo completo en una iglesia grande en una ciudad de Perú. Su ministerio era realmente exitoso. Tenía un buen grupo, buena organización y estructura, y un amplio equipo de colaboradores. Félix conocía a Carlos desde hace varios años y había visto cómo su ministerio evolucionaba y crecía, y cómo Carlos realmente llevaba a cabo un buen trabajo enfocado en procesos y no única y exclusivamente en eventos. Tanto los jóvenes como los padres y los miembros del equipo pastoral respetaban y valoraban su ministerio.

Sin embargo, en una conversación con él, a Félix le resultó evidente que Carlos estaba mostrando síntomas de cansancio y una falta de motivación que, sin ser preocupante, podía llegar a serlo si no se la encaraba y se trabajaba sobre ella.

Carlos no podía verbalizar sus inquietudes y era una tentación para Félix, más de veinte años mayor que él, darle consejos y decirle cómo debería afrontar su desmotivación. Fue aquí donde el coaching realmente ayudó...

Félix: «Carlos, ¿a qué crees que se debe tu desmotivación? ¿Qué piensas que la ha podido provocar?»

Carlos: «Pensándolo bien, creo que hay varias causas. Por un lado, llevo muchos años en el ministerio juvenil sin haber hecho nunca una pausa para reciclarme. Por otro lado, últimamente he estado en contacto con otros líderes y he estado leyendo materiales que me han hecho replantearme mi actual paradigma de trabajo. Me siento cansado, y siento que necesito nuevas perspectivas para mi trabajo.»

Félix: «¿Y qué crees que podría ayudarte a descansar y a tener esas nuevas perspectivas de las que hablas?»

Carlos: «Cuando hablaba de descansar no me refería a tomar vacaciones... más bien a tomar distancia de mis actuales responsabilidades. A exponerme a cómo otros llevan adelante el ministerio juvenil y, si pudiera, a ampliar mis estudios en el área de la educación.»

Félix: «Parece que tienes una idea bastante clara de lo que te ayudaría... ¿Qué te impide hacerlo?»

Carlos: «Bueno, ¡el ministerio juvenil! No puedo dejarlo así como así... Tampoco sé si la iglesia lo aprobaría y me permitiría tomar un tiempo para lo que mencioné.»

Félix: «Tú conoces a tu iglesia y tus líderes mucho mejor que yo. Si les tuvieras que plantear lo que me has comentado recién, ¿cómo crees que deberías hacerlo de modo de garantizarte el éxito?»

Carlos: «Conociendo al pastor principal, sé que él me haría una serie de preguntas claras y directas: ¿Cuáles son tus necesidades? ¿Qué quieres estudiar y dónde? ¿Cuánto tiempo estarías fuera? ¿Cuál sería el propósito de ese tiempo sabático? ¿Cómo quedaría organizado el ministerio juvenil en tu ausencia? Y supongo que algunas más por el estilo.»

Félix: «¡Perfecto! Sabes cómo piensa tu pastor. ¿Qué puedes hacer al respecto?»

Carlos: «Creo que debo comenzar pensando en los objetivos y beneficios de ese potencial tiempo sabático, y después hacer una presentación para mi pastor que contemple las respuestas a las preguntas que antes mencioné, y a otras que pueden presentarse.»

Félix: «¿Y cuándo planearías tener esa presentación ante tu pastor?»

Carlos: «En un par de meses estaremos trabajando sobre la planificación del próximo año, así es que creo que debería hacerlo antes, para que tengan esto en cuenta, si es que lo aprueban.»

Félix: «Tiene mucho sentido. Permíteme hacerte una última pregunta: ¿cuál es el siguiente paso que vas a dar?»

Las preguntas, como hemos podido ver, son herramientas tremendamente potentes para ayudar a las personas a generar cambios. En vez de caer en la tentación de aconsejar, la pregunta «¿Y qué crees que podría ayudarte a descansar y a tener esas nuevas perspectivas de las que hablas?» desencadenó un proceso en el que Carlos fue encontrando respuestas, clarificando su propia situación y generando un plan de acción para moverse hacia adelante.

El ciclo de acción-reflexión

Sócrates, el gran filósofo griego, afirmó que «una vida sin reflexión no merece la pena ser vivida». Cada día tenemos docenas de experiencias nuevas o al menos distintas, en mayor o menor grado, de otras anteriores. Algunas experiencias nos dejan modelos que podría ser útil repetir, y otras nos avisan lo que debemos evitar en el futuro. Sin embargo, no solemos detenernos a reflexionar sobre las experiencias vividas, y nos perdemos así el beneficio que nos podrían proporcionar. No aprendemos nada de ellas.

El coaching es una aplicación del ciclo de acción-reflexión. A nivel humano, el mundo opera a través de una compleja cadena de causas y efectos. Muchas veces perdemos de vista los efectos de nuestras acciones y nos despreocupamos, como si la cadena de causas y efectos se fuera alejando cada vez más de nosotros. Si pudiéramos, en cambio, entender los efectos de nuestras acciones (o de la falta de ellas), podríamos usar esa mayor comprensión y claridad para ajustar nuestros pensamientos y nuestras conductas de manera de seguir mejorando. Si no conseguimos aprender de nuestras experiencias, es posible que terminemos repitiendo errores evitables y caros.

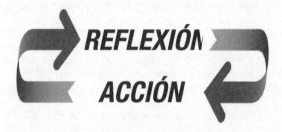

Figura 1: El ciclo de acción-reflexión

Actuar y reflexionar sobre los efectos para luego ajustar la acción, a esto se lo denomina *aprendizaje de circuito único*.[6] Es la forma más simple del ciclo de acción-reflexión. Este tipo de aprendizaje se basa en realizar una serie de acciones similares, aunque mejoradas. Con ello se consigue cierta mejora adicional, pero este nivel de reflexión no suele obtener grandes innovaciones. Sin alguien o algo más que nos estimule a pensar, tendemos a quedarnos en el tipo de reflexión que produce «más de lo mismo». Es fácil quedarse atrapado en un patrón fijo. Ahí es cuando entra en juego el coaching.

> «Si queremos que las cosas sigan así,
> las cosas tendrán que cambiar.»
> —*Giuseppe Tomasi di Lampedusa, El Gatopardo*

El coaching potencia el ciclo de acción-reflexión, animando a la persona a que reflexione, no únicamente sobre los resultados de sus acciones, sino también sobre las premisas que han dado lugar a esas acciones. Trabajar sobre sus premisas puede aportar una nueva perspectiva y conducir a un avance significativo. Es lo que se denomina *aprendizaje de doble circuito*. La persona actúa y observa los resultados. Luego, en lugar de limitarse a ajustar la acción original para mejorarla, da un paso atrás y reflexiona sobre las premisas más amplias que le han conducido a llevar adelante dicha acción en primer lugar. Los cambios a nivel de premisas pueden producir diferencias significativas, y automáticamente generan ideas para nuevas acciones, produciendo resultados distintos y, probablemente, mejores. Estos resultados pueden ser usados entonces para revisar y perfeccionar la estrategia, o para volver a examinar las premisas.

En este libro encontrarás diferentes técnicas y procesos para ayudar a otros a examinar sus premisas y creencias, para que puedan ver su situación desde distintas perspectivas. Al joven le cambiará la vida y progresará hacia sus objetivos, siempre que apueste por involucrarse en el ciclo de acción-reflexión.

El modelo COACH™

Ya hemos compartido algo de teoría sobre el coaching. Ahora vamos a presentar la práctica del mismo, a través del acrónimo C.O.A.C.H.

El modelo C.O.A.C.H. sigue un patrón que ha demostrado generar conversaciones productivas, integrales y edificantes. Utiliza el ciclo de acción-reflexión y crea una guía de conversación flexible que permite al joven alcanzar hitos (resultados) significativos, los cuales a su vez producen claridad, aprendizaje y un avance serio.

¿Por qué necesitamos un modelo para las conversaciones? Contaremos dos historias que ilustran cómo la gente aporta distintas potencialidades a las conversaciones... y cómo las potencialidades conllevan ciertas debilidades.

María nos compartió acerca de una persona de su iglesia con la que se reunía regularmente para lo que ambas denominaban «una relación de acompañamiento espiritual». Esta persona se sentía muy agradecida con María por su capacidad de escucha y su empatía acerca de la difícil situación que estaba viviendo con su anciana madre, con sus hijos y con la enorme pasividad de su marido frente a todas esas situaciones. Sin embargo, María tenía la sensación de que ambas estaban en un bucle, y que semana tras semana se repetía la misma situación sin que la otra persona experimentara ningún avance. María se preguntaba si existía la posibilidad de canalizar la conversación de alguna manera que permitiera a su amiga salir de ese círculo vicioso y dar pasos para solucionar su situación familiar.

Jacinto es el pastor de jóvenes de una importante iglesia en una ciudad colombiana, y es conocido entre sus jóvenes por su increíble capacidad para ofrecer soluciones a todos los problemas que ellos le puedan plantear. Si hay un problema, él ofrecerá una solución, y entregado y abnegado en la búsqueda de las mismas. Para Jacinto, cuando alguien le comparte un problema es obvio que lo que espera es una solución. Y él se siente fatal si no la provee. Al fin y al cabo, piensa, esa es la responsabilidad del líder. Desde su perspectiva, ayudar equivale a ofrecer soluciones, y si no puede hacerlo tiene una sensación de fracaso con relación a la persona.

Estas dos personas eran muy fuertes en distintas partes del proceso de diálogo. María era excelente y empática escuchando, pero debía aprender a ayudar a las personas a actuar. Jacinto pasaba directamente a la acción y necesitaba aprender a escuchar, explorar y ayudar a las personas a que encontraran sus propias soluciones. El modelo COACH puede ayudar a estos dos tipos de personas a crecer en las áreas en que no tienen ese don natural.

Hay numerosos líderes juveniles que sin duda se identificarán con María y Jacinto. Algunos de ellos son buenísimos en escuchar de una forma empática, y es normal que sus jóvenes les busquen para compartir con ellos, pero sin embargo nos los ayudan a avanzar hacia adelante en sus procesos. Otros, como Jacinto, tienen siempre una respuesta para cualquier reto, problema o solución, y sin duda son apreciados por sus jóvenes, pero no les ayudan a desarrollar habilidades ni los motivan para que ellos mismos generen sus propias soluciones.

El modelo COACH es puro proceso. El contenido, el destino y los descubrimientos que se hacen por el camino vienen totalmente determinados por la persona a la que estamos tratando de ayudar. Mucha gente ha expresado que este modelo le dio confianza para ejercer el coaching con otros, sea cual sea el área en la que quieran trabajar. Es importante recordar que el coaching no busca dar respuestas, sino plantear preguntas que hagan pensar.

Figura 2: El Modelo COACH™

El modelo COACH se nutre de preguntas. En los próximos capítulos desarrollaremos cada paso del modelo COACH, descubriendo técnicas destinadas a equiparnos para plantear preguntas poderosas y útiles.

Las letras que forman la palabra COACH son las iniciales de cada fase del proceso.

1. C de conectar: Conectar tiene dos partes. Primero, establecer contacto con nuestro interlocutor para generar confianza; y segundo, ya que a menudo el coaching es una conversación continuada y no puntual, conectar implica dar seguimiento a los pasos prácticos decididos en la anterior conversación de coaching.

2. O de objetivo: Esto es lo que el joven pretende conseguir durante la conversación. Sabiéndolo desde un buen principio, la conversación puede girar en torno a lo verdaderamente importante para la persona.

3. A de ampliar: La finalidad es ayudar al joven a tener una mayor comprensión y percepción de su realidad, a tener una perspectiva más amplia. Cuánto más amplia sea esta, más integral, y por lo tanto más creativa, será su visión de la situación. Podrá vislumbrar un mayor número de opciones y, al final, tomará mejores decisiones.

4. C de concretar: Se trata de poner en marcha las percepciones y descubrimientos, ayudando al joven a diseñar pasos prácticos que le permitan avanzar en su situación. Ayudar a las personas a pasar a la acción es una parte esencial de la experiencia del coaching.

5. H de hitos: Se trata de centrarse en aquellas partes de la conversación que al joven le hayan resultado más significativas. Cuando nuestro interlocutor repasa la conversación, refuerza sus percepciones y los puntos importantes, fortaleciendo así su aprendizaje. Esos hitos también le revelan al coach en qué manera el joven se ha beneficiado a través de la conversación.

El resto de este libro explica en detalle cada fase del modelo COACH, incluyendo también las aptitudes apropiadas para saber escuchar, preguntar y procesar.

CONECTAR

«La formulación de un problema suele ser más esencial que su solución...»

—Albert Einstein

El primer paso del modelo COACH es conectar. El propósito de conectar es empezar la conversación de coaching con una nota informal y personal que ayude a ponerse al día de la conversación anterior.

Charlar distendidamente al principio de la conversación ayuda al coach y al joven a conectarse y a establecer un vínculo emocional. Es la forma más natural de empezar una conversación. Sin embargo, cuando ya se ha establecido una relación de coaching, no es raro pasar de inmediato al tema principal, yendo al grano desde un comienzo. Por corta que sea la conversación, se trata de hablar con un propósito.

La confianza se palpa

Keith cuenta que cierta vez, estando en Tokio, detuvo a un hombre en la calle para pedirle indicaciones sobre cómo llegar a determinada dirección. El hombre miró a su alrededor, pensó, dudó y finalmente le indicó por dónde ir, señalando una calle a la izquierda. La forma de dar la respuesta no le inspiró demasiada confianza a Keith respecto de la información proporcionada. Poco después vio que en la entrada de unos almacenes había un mostrador de información. Se acercó y le hizo la misma pregunta a una chica joven que había allí. Ella le respondió con mucha seguridad que debía volver por donde había venido, pasar de largo la estación de tren, y que luego de un par de cuadras llegaría a su destino. Keith no conocía a ninguna de las dos personas, pero tras una breve conversación con cada una de ellas decidió que eran más confiables las instrucciones de la chica joven. La confianza se desarrolla gracias a la sensación de compenetración con los demás.

La confianza en la otra persona también gobierna nuestras conversaciones. Intenta recordar algún momento en el que mantuviste una conversación con alguien a quien conocías y en quien confiabas. Ahora, contrasta esa experiencia con algún otro momento en el que conversaste con alguien en quien no confiabas. El contenido de la conversación podría ser exactamente el mismo, pero tu visión de la otra persona influye en el resultado de la conversación.

¿Cuánta confianza se necesita?

La manera en que nos relacionamos con las personas exige diferentes niveles de confianza. Supongamos que dos personas nos quieren ayudar usando distintos enfoques. Una quiere guiarnos y aconsejarnos sobre nuestro problema. Nos comparte su experiencia y sus conocimientos y nos dice lo que sabe sobre el tema. Ahora, imaginemos a una segunda persona que nos ayuda escuchándonos y haciéndonos buenas preguntas. No nos da ningún consejo, pero nos hace sacar ideas de nuestro interior, y luego ajustarlas y mejorarlas.

Ahí va la pregunta: ¿En cuál de estas personas hemos de confiar más para poder utilizar su ayuda?

La mayoría de la gente responde que en la primera. La razón es que, si no podemos confiar en esa persona, no podremos confiar en sus indicaciones y su consejo. Vemos a la primer persona como a un experto que debe estar «calificado» por su experiencia y por su relación con nosotros. Sin embargo, el tener una relación fuerte y de confianza con esta persona, ¿hará que su consejo sea mejor que si no existiera dicha relación? En realidad no, pero sí hará que su consejo sea más fácil de aceptar.

Pensemos ahora en el segundo enfoque, en el que la persona que quiere ayudar se limita a escuchar y a hacer preguntas. La confianza es importante, y también la relación, pero los niveles de confianza y de relación pueden no ser tan relevantes si todas las ideas y soluciones salen de nosotros mismos y no de la persona que nos ayuda. No hace falta tener tanta relación con esa persona para aceptar su ayuda, si solo nos hace preguntas y nos escucha y nos permite generar nuestras propias soluciones.

Cómo genera confianza el coaching

La naturaleza de la conversación y la técnica del coach contribuyen a facilitar la confianza. Veamos qué cosas generan confianza y compenetración, a la vez que muestran respeto por el otro...

El coaching genera confianza:

- Valiéndose del apoyo, no del control.

- Animando a tener ideas, no dándolas.

- Cediendo la responsabilidad, no asumiéndola.

- Procesando las decisiones, no tomándolas por el otro.

- Creyendo en el joven, no tratando de arreglarlo.

- Manteniendo las citas y honrando la confidencialidad de las conversaciones, no siendo indiscretos.

Cuando una conversación se basa en la confianza y el respeto, la gente se involucra más y está más dispuesta a explorar, aprender y crecer. Estas actitudes y acciones siguen siendo importantes todo a lo largo de la relación de coaching. La fase de conectar simplemente crea una pausa intencionada al principio de la conversación para permitir a coach y joven que se involucren en la relación antes de pasar a los objetivos y problemas sobre los que quieren trabajar.

El poder de una conversación distendida

Vamos a explicar cómo se desarrolla la fase de conectar. Después de haber tenido varios encuentros con un joven, las conversaciones de coaching comienzan a adquirir una buena dinámica y un buen ritmo. Ambas partes, el líder y el joven, saben lo que quieren alcanzar por medio de las conversaciones, y se reúnen para esto de forma periódica y regular. Luego de algunos encuentros no es nada difícil que, al verse, ya pasen directamente al punto donde se quedó la conversación anterior.

Alfredo, un pastor de jóvenes de tiempo completo, y su coach, llevaban varios meses trabajando básicamente sobre cómo transformar el equipo de Alfredo en un grupo cohesionado, para poder así alcanzar objetivos más ambiciosos para su grupo juvenil.

Se encontraron a la hora de siempre. «Hola coach, » dijo Alfredo.

El coach entró de forma directa: «Hola Alfredo. ¿Listo para empezar?»

«Claro,» respondió él.

«¿Cómo has progresado en los pasos prácticos que acordamos en nuestra última conversación?», preguntó el coach.

Alfredo explicó lo que había hecho, y hablaron sobre lo que había aprendido. Entonces el coach le preguntó: «Hemos estado trabajando para unir a tu equipo en torno a tres grandes objetivos. ¿Cuál crees que es el siguiente paso para conseguirlo?»

Alfredo compartió sus ideas, identificaron el tema concreto de la conversación, y lo estuvieron tratando durante los siguientes 45 minutos. Cuando llegó el momento de decidir nuevos pasos prácticos, Alfredo se mostró extrañamente reacio. El coach le preguntó qué pasaba, y Alfredo contestó: «Lo que sucede es que no estoy seguro de tener tiempo para nada durante las próximas dos semanas.»

Esto tomó al coach desprevenido. Los pasos prácticos son fundamentales para el coaching, y Alfredo siempre se había mostrado entusiasmado. El coach le preguntó entonces: «¿Y qué es lo que le quita el tiempo?»

Alfredo respondió enseguida: «A mi mujer le han diagnosticado un cáncer de mama hace dos días, y mañana tiene que ir al hospital a hacerse varias pruebas. No estoy seguro de poder trabajar en los objetivos del equipo esta semana.»

El coach no podía creerlo. Se le acumulaban las preguntas en la mente: ¿Cáncer? ¿Cómo era posible que algo tan importante en la vida de Alfredo no hubiera salido a relucir en toda la hora de conversación que llevaban? ¿Qué tipo de coach era él?

Rebobinando mentalmente la hora anterior, se dio cuenta de que habían ido directo a dónde habían dejado las cosas en la última conversación de coaching, y habían seguido trabajando a partir de allí para mejorar la dinámica del equipo de Alfredo. Ese era el patrón y el propósito de sus encuentros. Sin embargo, algo no estaba bien. El coach se quedó pálido. Se encontraba en estado de shock porque su denominado «coaching personalizado» no había sacado a la superficie algo tan importante y personal como el diagnóstico de cáncer de la mujer de Alfredo.

Mirándolo en perspectiva, una sola pregunta al inicio de la conversación le hubiera dado a Alfredo la oportunidad de compartir lo del cáncer de su mujer: «¿Cómo estás, Alfredo, cómo van las cosas?»

Quizás Alfredo hubiera decidido no hablar de ello. Quizás hubiera optado por seguir trabajando sobre el equipo y olvidarse del cáncer durante una hora. Pero lo triste es que no tuvo opción. El coach fue directo al grano, y Alfredo lo siguió por puro hábito.

¿Cómo estás?

El propósito de conectar al inicio de la conversación de coaching es restablecer la compenetración, ponerse un poco al día, y brindarle la oportunidad al joven de compartir lo que ande rondando por su mente. No debemos ser mecánicos en nuestra conversación, sino que debemos ser francos, comprensivos e integrales. Cuando se les da la oportunidad de «soltar el guion» por un rato y hablar de lo que deseen, las personas suelen compartir todo tipo de cosas, liberan algunas de las preocupaciones que tenían dentro, y entonces pueden concentrarse mejor en los objetivos de la conversación de coaching.

Por todo esto, empecemos nuestras conversaciones con una simple pregunta: «¿Cómo estás?». Nueve de cada diez veces nos encontraremos con la respuesta habitual: «Bien, gracias, ¿y usted?». Pero de daremos la posibilidad de compartir toda una variedad de cosas a ese diez por ciento de la gente que lo necesita.

A lo largo de estos años de práctica del coaching hemos escuchado todo tipo de respuestas. He aquí algunas:

- «Genial, ayer pasé uno de los exámenes más difíciles de mi carrera universitaria.»

- «Pues no muy bien, la verdad. He tenido un conflicto tremendo con uno de los padres de un muchacho de mi grupo de jóvenes.»

- «Presionado al máximo. Mi pastor ha tenido la brillante idea de hacer un evento a nivel de ciudad para el mes que viene, y me ha delegado a mí toda la preparación... ¡cómo si no tuviera otras cosas que hacer!»

- «¡Súper contento! La semana pasada tres nuevos jóvenes tomaron la decisión de seguir a Jesús.»

- «La alergia me está matando. No sé si podré seguir muy concentrado nuestra conversación.»

Pero la mayoría de las veces escuchamos: «Bien, gracias, ¿y usted?». Todo lo que se necesita para averiguarlo es una simple pregunta.

Conectar, ejemplo 1

Este diálogo es un ejemplo de una joven que comparte brevemente cómo está. Lo que dice no tiene nada que ver con los objetivos de coaching, pero es algo que le entusiasma y lo que quiere compartir con el coach.

Coach: «Hola Susana, ¿cómo estás?»

Susana: «¡Genial!»

Coach: «¿Cómo va la vida?»

Susana: «Me han dado una beca para estudiar una maestría en España el próximo año, y estoy desbordando de alegría por ello.»

Coach: «¡Eso sí que es una buena noticia!»

Susana: «Sí. Comenzaba a estar muy preocupada al respecto... No había tenido ninguna noticia, las fechas para la matriculación estaban a punto de finalizar y yo no tenía ni idea de qué hacer.»

Coach: «Ya me lo imagino... ¡Felicidades!»

Susana: «Gracias.»

Coach: [Pausa] «Entonces, ¿estás preparada para seguir trabajando en tus objetivos de coaching?»

Susana: «Claro.»

Coach: «Genial. Cuéntame, ¿qué progresos has hecho en los pasos prácticos que pensaste la última vez que nos reunimos?»

...

Basta con reconocer la buena noticia de Susana para que ella se quede satisfecha y esté dispuesta a seguir. El coach dirigirá la conversación hacia la revisión de los pasos prácticos, y luego continuará con el tema de coaching de ese día.

Conectar, ejemplo 2

Es fácil quedarse enredado en una historia sobre algún problema y comenzar a ofrecer ayuda de coaching, para luego, al final del encuentro, darse uno cuenta de que el joven no nos ha cortado la conversación por educación, pero que sobre ese tema en particular no necesitaba ayuda.

Coach: «Hola David, ¿cómo estás?»

David: «Bien. Un poco ocupado, pero no es nada nuevo. Siempre ocurre con el grupo de jóvenes al comenzar el nuevo curso.»

Coach: «¿Y cómo te ha ido en las vacaciones?»

David: «Lo hemos pasado bien. Ha sido relajante no tener que hacer nada durante unas semanas... Pero ahora que he vuelto a la iglesia y a poner en marcha el grupo juvenil, lo estoy pagando.»

Coach: «¿Cómo es eso?»

David: «Todo el mundo está relajado. A los líderes de los grupos pequeños les cuesta arrancar, y todo eso...»

Coach: «Pues vaya...»

Este diálogo ilustra cómo afronta la persona un problema o desafío en su vida, y cómo se lo cuenta a su coach. Algunos coaches entran inmediatamente en acción cuando ven un problema. En este caso, el problema de David es poner en marcha toda la maquinaria del grupo de jóvenes. Sin embargo, es muy importante aclarar si ese problema está tan solo rondando por la mente de la persona, o si la persona realmente quiere que se le ayude con este tema durante la conversación de coaching. Lo más sencillo es preguntar:

(Continuación de la conversación de arriba)...

Coach: «Pues vaya... [Pausa] Entonces, para ir avanzando, ¿en qué te gustaría que trabajáramos hoy?»

David: «Me gustaría...» [El joven comparte a dónde quiere llegar con la conversación]

Coach: «Muy bien. Antes de concentrarnos en eso, ¿podríamos ver cómo te ha ido con los pasos prácticos?»

David: «Claro.»

Coach: «¿Qué progresos has hecho?»

Aquí vemos cómo el coach no asumió automáticamente que lo que David le había contado fuera a ser el tema de coaching del día. Lo que hizo fue plantear una pregunta abierta para descubrir qué esperaba David de esta conversación de coaching. Luego pasó a repasar los progresos y a generar aprendizajes a partir de los pasos prácticos que David llevó adelante.

Seguimiento de los pasos prácticos

La fase de conectar del modelo COACH tiene dos partes. Primero, hay que involucrarse con la persona e irse conectando con su situación actual; segundo, hay que dar seguimiento a los pasos prácticos resultantes de la conversación anterior. Durante la primera conversación de coaching no habrá pasos prácticos que seguir. Sin embargo, cada uno de los posteriores encuentros se construirá sobre estos. Para aquellas personas que no estén familiarizadas con el modelo de COACH, hay un capítulo, casi al final de este libro, dedicado exclusivamente al seguimiento.

Después de conectar viene el objetivo

Después de esta breve conexión y de dar seguimiento a los pasos prácticos, llega el momento de pasar a la conversación y averiguar sobre qué quiere trabajar el joven, y qué resultado espera obtener al final de la conversación. Empezando con el final en mente, tanto el coach como la persona pueden avanzar centrados y con seguridad.

OBJETIVO

«La formulación de un problema suele ser más esencial que su solución...»

—*Albert Einstein*

El coaching es una conversación intencional. Es un camino que conduce a algo significativo para el joven. Lejos de ser un sinuoso paseo sin destino, la conversación de coaching suele empezar por aclarar a dónde quiere llegar el joven. Esto es, como escribió Steven Covey: «Empezar con el fin en mente».[7] Tener un destino claro, o un resultado esperado, es una de las características distintivas del coaching, y el que convierte la conversación en intencional.

Tener claro el objetivo que se desea desde el principio de la conversación ayuda de varias maneras. Primero, el esclarecer a dónde quiere ir a parar el joven permite que tanto el joven como el coach tengan claro el objetivo de la conversación. El coach entiende lo que la persona espera de la conversación, y puede colaborar con ella para conseguirlo.

En segundo lugar, un objetivo claro ayuda a guiar la conversación, y a que esta gire en torno a lo que el joven quiere conseguir o explorar. Una conversación que no busca ningún objetivo puede ir a ninguna parte; no estás seguro de a dónde vas ni de cómo llegar. Las conversaciones de este tipo a menudo deambulan y se pierden por aquí y por allá, terminando por aportar muy poca claridad. Un objetivo claro, por otro lado, da al coach y al joven algo específico sobre lo cual trabajar, haciendo menos probable que la conversación se vaya por otros derroteros.

En tercer lugar, los resultados de la conversación se pueden medir si se sabe lo que se esperaba. A medida que la conversación avanza, conviene ir verificando esto, preguntándole al joven si está satisfecho con los progresos y si hay que ajustar algo para obtener resultados más provechosos. Al final de la conversación es fácil saber, entonces, si ha cumplido con su propósito. Basta solo con comparar lo ocurrido con el objetivo esperado.

A veces el valor de la conversación de coaching radica sencillamente en esclarecer el problema o el objetivo del joven. Muchas personas se sienten desbordadas, y por tanto incapaces de empezar a avanzar. El proceso de clarificar lo que el joven quiere, lo alivia de estos sentimientos, y lo libera para seguir avanzando hacia el descubrimiento y la acción.

La claridad suele venir acompañada de la esperanza, la cual tiene un gran poder de motivación. Napoleón Bonaparte definía al líder como «un mercader de esperanzas». Al esclarecer el resultado de las conversaciones de coaching, el coach ayuda a infundir una sensación de esperanza y seguridad en la persona.

¿Quién decide el objetivo?

Que sea el joven quien decida los temas de la conversación es una propiedad importante de la filosofía del coaching. La teoría del aprendizaje adulto nos dice que las personas se involucran más en el aprendizaje si pueden escoger el tema, y si pueden aplicarlo enseguida.[8] El coaching logra estas dos motivaciones al pedirle al joven que escoja un tema relevante y de aplicación inmediata.

En otros roles de ayuda, el ayudante suele sentarse al volante, en un esfuerzo por ofrecer lo que la otra persona necesita. En el coaching se considera a cada persona como un experto en su propia vida, y se le encomienda la tarea de pensar, decidir y actuar. El coach cristiano reconoce la labor del Espíritu Santo y confía en que Él guíe al joven. En lugar de prescribir, aconsejar o enseñar a la otra persona, el coach sabe ayudar al joven a reflexionar en profundidad, y a descubrir dentro suyo la manera en que Dios lo está guiando.

La libertad de escoger los temas de la conversación es una bocanada de aire fresco para muchas personas con un ministerio o con roles de servicio. Muchos pastores y líderes con los que hemos estado aplicando el coaching hacen hincapié precisamente en esto. Están acostumbrados a tener que escuchar a las personas que están bajo su responsabilidad, y a llevar sus cargas. En la conversación de coaching ellos pueden escoger los temas acerca de los que desean hablar y la conversación se centra en ellos y en lo que es importante para ellos. Esto resulta liberador y refrescante.

¿Qué quieren?

En los evangelios se narran varias historias en las que Jesús pregunta a la gente específicamente qué es lo que quiere. ¡Increíble! Teniendo Jesús tanto que ofrecer, y una percepción tan grande de sus necesidades, aun así permite a estas personas que manifiesten lo que ellos mismos perciben como sus propias necesidades e intereses. Fijémonos en cada uno de los ejemplos...

Dos hombre ciegos gritaron y... «Jesús se detuvo y los llamó: "¿Qué quieren que haga por ustedes?" "Señor, queremos recibir la vista." Jesús se compadeció de ellos y les tocó los ojos. Al instante recobraron la vista y lo siguieron» (Mateo 20.32-34). Aquí tanto la petición de los hombres ciegos como la respuesta de Jesús eran esperables.

En el caso siguiente, Andrés y otro discípulo piden algo sencillo y posiblemente poco importante: «Jesús se volvió y, al ver que lo seguían, les preguntó: "¿Qué buscan?" "Rabí, ¿dónde te hospedas?" (Rabí significa: Maestro.) "Vengan a ver", les contestó Jesús. Ellos fueron, pues, y vieron dónde se hospedaba, y aquel mismo día se quedaron con él. Eran como las cuatro de la tarde.» (Juan 1.38-39). Es tentador pensar que sabemos lo que más conviene a la gente, y que podemos darles algo «mejor» que lo que nos piden. Podemos pensar: «No, lo que realmente necesitas es trabajar en esto...» Sin embargo Jesús no menospreció la sencilla petición de Andrés y Pedro. Por el contrario, la honró, y también a ellos, dándole a esa petición tanta importancia como ellos le daban.

Jesús estaba siempre dispuesto a escuchar las peticiones y deseos de las personas. Pero si lo que pedían era inapropiado, no se sentía obligado a darlo. La petición de la madre de Santiago y de Juan nos da un buen ejemplo: «Entonces la madre de Jacobo y de Juan, junto con ellos, se acercó a Jesús y, arrodillándose, le pidió un favor. - ¿Qué quieres? - le preguntó Jesús. - Ordena que en tu reino uno de estos dos hijos míos se siente a tu derecha y el otro a tu izquierda. - No saben lo que están pidiendo – les replicó Jesús. ¿Pueden acaso beber el trago amargo de la copa que yo voy a beber? - Sí, podemos...» (Mateo 20.20-22).

Así es que seguimos el ejemplo de Jesús cuando le preguntamos a la gente qué es lo que quiere, y le permitimos manifestar sus preocupaciones y deseos.

Estar en la misma onda

En la televisión europea hay un anuncio genial.[9] La escena transcurre en la calle de una ciudad, en la que se ve una fila de coches cubiertos de nieve. En eso sale de un edificio un ejecutivo de mediana edad, vestido con traje y abrigo, y comienza a sacar la nieve de sobre su coche. Frota, refriega y sacude sus manos para entrar en calor. Finalmente, y con mucho esfuerzo, logra quitar la nieve del coche. Da un paso atrás con cara de satisfacción, y oprime el botón del mando a distancia para abrirlo. El coche no se inmuta, ¡pero sí lo hace justo el de al lado del que acaba de limpiar! Se le encienden las luces intermitentes y se le abren las puertas. Poco a poco el joven cae en la cuenta de que ha estado sacando la nieve del coche equivocado...

Algo similar nos ha sucedido durante las conversaciones de coaching, más a menudo de lo que nos gustaría reconocer. Al empezar la conversación el joven menciona algo que a nosotros nos parece un buen tema de coaching. Comenzamos a hurgar un poco en el problema para idear posibles soluciones, como el ejecutivo que quitaba la nieve, y al final el joven nos dice: «Gracias. Lo que pasa es que hoy me hubiera gustado que trabajáramos sobre la preparación de mi próxima entrevista con los líderes de los grupos pequeños... pero se nos ha ido el tiempo. ¡Qué lástima!» El coaching lo hicimos bien, ¡pero sobre el tema equivocado!

«Lo que parece obvio no siempre se entiende bien.»
—*Paulo Freire*

Resulta crucial descubrir el tema que el joven considera más valioso para cada conversación de coaching en particular. El coach no lo decide. Ni tampoco da por sentado que el tema de coaching va a ser una continuación de la conversación anterior. El tema puede ser el paso siguiente de una conversación continuada, o puede ser algo enteramente nuevo.

El trabajo del coach es obtener del joven el tema, y aclararlo. A través del diálogo, coach y joven deciden la mejor manera de utilizar la conversación.

Decidir el objetivo de la conversación

La manera de preguntar a la persona por el objetivo pretendido ya le comunica algo sobre la conversación que está a punto de tener. Por ejemplo, si preguntamos «¿de qué le gustaría hablar?», esta pregunta pone de relieve que vamos a *hablar* de algo. El coaching involucra hablar, pero hablar no lo es *todo*. Los amigos hablan, pero no siempre se da un avance como resultado de una conversación entre amigos.

Comparemos esa pregunta con esta otra: «¿Qué resultado le gustaría obtener de nuestra conversación de hoy?» ¿Qué estamos poniendo aquí de relieve? Exacto, el objetivo. No vamos a *limitarnos a hablar* de algo, sino que vamos a salir de aquí con un *resultado útil*. Estamos empezando con el final en mente. Estamos creando un destino y un propósito para nuestra conversación, acordes siempre con lo verdaderamente importante para el joven.

Ejemplos de preguntas para determinar el objetivo:

- ¿Qué resultado te gustaría conseguir con nuestra conversación de hoy?

- ¿Sobre qué te gustaría trabajar?

- ¿Qué haría que nuestra conversación de hoy tuviera sentido para ti?

- Considerarías que nuestra conversación ha sido un éxito si al final hemos logrado ¿qué cosa?

Cada una de estas preguntas cubre varios aspectos cruciales en una conversación de coaching:

- Sientan al joven al volante para decidir el objetivo de la conversación.

- Dan por sentado que habrá algún tipo de resultado.

- Motivan.

Las palabras «resultado», «trabajar en», «ha sido un éxito» y «con sentido» sugieren que habrá un avance. Esto contrasta con la falta de esperanza que el joven podría sentir antes de la conversación. Por lo tanto, la mejor manera de decidir el objetivo de la conversación es sencillamente plantear alguna de estas preguntas.

Detallar el objetivo

Preguntar por el objetivo de la conversación es tan solo el primer paso para determinar el resultado final. El paso siguiente es ayudar al joven a pensar sobre qué quiere trabajar y decidir el resultado de la conversación. Por medio del diálogo, coach y joven dan forma al objetivo de modo que sea útil al joven y posible de alcanzar durante la conversación.

Veamos el siguiente ejemplo de cómo refinar el resultado propuesto por la persona por medio de unas cuantas preguntas adicionales.

Coach: «¿Sobre qué te gustaría trabajar hoy?»

Daniela: «Quiero crecer en mi relación con Dios.»

Coach: «¡Ese es un gran tema! ¿Y sobre qué aspecto te gustaría hablar y hacer progresos durante esta semana?»

Daniela: «Me gustaría volver a tener la relación que mantenía con Él cuando me convertí.»

Coach: «¿Me podrías dar un ejemplo concreto de ese tipo de relación?»

Daniela: «¡Claro! Todo era nuevo y fresco. Yo tenía muchas ganas de pasar tiempo con el Señor, de orar, de contarle todo lo que pasaba en mi vida, de leer su Palabra, de aplicarla...»

Coach: «Entonces, ¿qué resultado te gustaría obtener de nuestra conversación?»

Daniela: «Quiero volver a recuperar mi tiempo de comunión con el Señor, volver a estar cerca de Él.»

Coach: «¿Y por qué es tan importante este tema para ti?»

Daniela: «Siento que mi comunión con el Señor se va enfriando poco a poco, y no me gusta esa sensación de distanciamiento.»

Coach: «¿Cómo se plasmaría en la práctica esa recuperación de la comunión con Dios?»

Daniela: «Pasaría tiempo leyendo, meditando y aplicando la Biblia. También hablando con Dios y compartiendo con Él las cosas que me van sucediendo y que me preocupan.»

Coach: «Así que, resumiendo, ¿qué es lo que desearías?»

Daniela: «Me gustaría idear un plan que me ayude a tener un tiempo diario de oración y estudio bíblico.»

Coach: «¡Perfecto, eso haremos!»

En este ejemplo, Daniela da dos respuestas muy generales: «Quiero crecer en mi relación con Dios» y «Me gustaría volver a tener la relación que mantenía con Él cuando me convertí». El coach ha tenido que usar unas cuantas preguntas para develar el verdadero objetivo de Daniela cuando se refería a recuperar una relación íntima con el Señor. El proceso de coaching ya le ha provisto una mayor claridad a Daniela. Si el coach no hubiera seguido indagando sobre el objetivo deseado, la conversación hubiera derivado en cualquier otro aspecto de su espiritualidad, y no en el resultado que realmente Daniela deseaba.

Por lo tanto, usemos preguntas para explorar, aclarar y hacer foco sobre el tema, problema u objetivo del joven. Cuando el joven define el resultado que busca a través del diálogo, gana conciencia y claridad sobre el tema aun antes de tratarlo en profundidad. El solo hecho de definir un objetivo suele ser un alivio bienvenido por un joven agobiado.

Preguntas de exploración

Las preguntas de exploración examinan el tema que el joven quiere tratar, para poder entenderlo mejor. No debemos temer escarbar más allá de la superficie. Muchas veces los jóvenes proponen un tema acerca de «cómo se hace» algo (cómo administrar el tiempo, cómo dirigir un grupo pequeño, o cómo realizar cualquier otra tarea). Sin embargo, aunque sea un asunto real y acuciante, puede ser más útil pasar del «cómo» de la superficie a un nivel de diálogo más profundo referido al «ser».

Se puede explorar el tema con preguntas como:

- **Si pudieras conseguirlo, ¿de qué te serviría?**
- **¿Qué hay en tu interior que te impida hacerlo?**

Cuando el joven averigua lo que está ocurriendo en su interior, suele solucionar rápidamente la parte del «cómo se hace».

Tampoco es raro que el joven sugiera un tema que de hecho es una solución a un problema u objetivo mayor. Al comprender lo que hay detrás de ese tema en concreto, el coach puede entender las motivaciones, los razonamientos y las premisas del joven... ¡tres puntos que vale la pena explorar!

A veces, cuando se va más allá de la estrechez del tema, el coach puede ayudar al joven a identificar otras maneras de alcanzar el objetivo final. Descubrir y trabajar directamente sobre el objetivo final le ahorra al joven tiempo y esfuerzo.

Veamos el siguiente ejemplo con Víctor, un joven profesional de una iglesia en Chile:

Coach: «¿*Con qué resultado te gustaría salir de esta conversación?*»

Víctor: «*Necesito un plan para ahorrar $10.000.*»

Coach: «*Si no es indiscreción, ¿para qué son los $10.000?*»

Víctor: «*Para pagar un máster que quiero hacer.*»

Coach: «*Ah, ¿quieres hacer un máster? Y cuéntame, ¿para qué exactamente te serviría eso?*»

Víctor: «*Podría dejar mi trabajo actual y ganar más dinero.*»

Coach: «*Entonces, tu objetivo final es cambiar de trabajo y ganar más dinero.*»

Víctor: «*Sí, eso es. Me da la sensación de que con mi trabajo actual no voy a ninguna parte, y quiero dejarlo.*»

Coach: «*Un máster te puede ayudar a encontrar un trabajo mejor, pero también implica mucho tiempo y dinero. ¿Estarías abierto a explorar otras maneras de encontrar otro trabajo?*»

Víctor: «*¡Claro!*»

Con unas cuantas preguntas, el coach ha sacado a relucir el razonamiento, las motivaciones y el objetivo final de Víctor y de su necesidad de ahorrar $10.000. Es posible que la mejor manera de cambiar de trabajo y ganar más dinero sea hacer un máster. Pero también hay muchas otras maneras de acercarse a ese objetivo que no cuestan $10.000 y dos años de estudio. De uno u otro modo, al explorar lo que hay detrás de los $10.000, el coach y Víctor han podido esclarecer el verdadero propósito y acercarse al tema de una manera más integral.

Ejemplos de preguntas de exploración:

- **Detengámonos un momento, ¿qué otras cuestiones hay detrás de esta situación?**

- **¿Cuál es el contexto más amplio?**

- **¿Qué es lo que en verdad deseas conseguir?**

- **¿Qué implicaciones tendría el conseguirlo?**

La pregunta «¿Qué implicaciones tendría el conseguirlo?» es especialmente útil cuando se trata de destapar y comprender las motivaciones de una persona para hacer algo. Cualquier objetivo esconde una serie de motivaciones. Pero las personas tienden a revelar *lo* que quieren, y no *aquello que les motiva* a quererlo... lo cual suele ser, en realidad, su verdadero deseo. El esclarecer las motivaciones suele revelar el objetivo final del joven, y es una potente herramienta para ayudarlo a avanzar.

Preguntas de aclaración

Todos damos por sentado el significado de las palabras y las frases. A veces nuestras suposiciones son correctas, y otras veces no. Por eso es mejor preguntar. Después de preguntar, descubriremos si ambos entendemos igual esa frase o palabra. Además, se puede preguntar también sobre las motivaciones. Como en este diálogo:

Coach: «¿Con qué resultado te gustaría terminar esta conversación?»

Jimena: *«Me gustaría saber cómo convertir a mi grupo de líderes en un verdadero equipo.»*

Coach: «¿Qué aspecto tiene "un verdadero equipo"?»

Jimena: *«Tiene un objetivo común, y cada miembro juega un papel en su consecución; y se obtienen resultados.»*

Coach: «¿Qué significaría para ti en concreto tener "un verdadero equipo"?»

Jimena: *«Quiero conseguir algo más grande de lo que yo pueda hacer por mí misma. Y quiero trabajar con otros. Ahora mismo decimos que somos un equipo, pero cada uno hace lo suyo.»*

Coach: «Es decir, estás buscando un objetivo común, y deseas alcanzarlo por medio del trabajo en equipo, ¿es así?»

Jimena: *«Sí, exacto.»*

Coach: *«¿Y sobre qué aspecto concreto te gustaría trabajar hoy?»*

...

[El diálogo continúa para explorar un poco más el tema y decidir el resultado concreto que se quiere obtener de la conversación.]

Las preguntas de aclaración nos permiten explorar lo que significan las palabras que emplea la persona. Las preguntas de aclaración no solo contribuyen a la comprensión del coach, sino que también aportan una mayor claridad al joven. La aclaración produce una explicación más clara y directa. Escojamos esas palabras o frases del joven que nos resulten vagas o cargadas de sentido, y pidámosle que nos las aclare.

Ejemplos de preguntas de aclaración:

- ¿Qué quiere decir «funcionar como un verdadero equipo»?
- ¿Me podrías dar un ejemplo de «crecer en santidad»?
- ¿Qué es lo que entiendes tú por «estar más consagrado al Señor»?

Preguntas de enfoque

Las preguntas de enfoque ayudan a centrar el tema de coaching para que sea factible tratarlo a lo largo de la conversación, e inmediatamente útil para el joven. No es raro que las personas planteen un tema demasiado amplio o demasiado vago.

No hay que preocuparse. Hay maneras sencillas de enfocar el tema para que sea manejable. Veamos algunos ejemplos:

Coach: «¿Qué resultado deseas obtener de esta conversación?»

Eduardo: «Me gustaría conseguir la unidad de todos los cristianos tal y como dice la Biblia.»

Coach: «Es un tema importante. ¿Sobre qué parte de ese tema te gustaría trabajar hoy?»

Eduardo: «Bueno, me gustaría que los jóvenes de distintas denominaciones pudiéramos trabajar juntos.»

Coach: «Muy bien. ¿Y qué aspecto de este trabajo conjunto te sería inmediatamente útil esta semana?»

Eduardo: «Hay una iglesia a tan solo unas cuadras de la nuestra. Me gustaría ver maneras de colaborar con su grupo de jóvenes para hacer cosas juntos.»

...

[La conversación puede continuar para clarificar más el tema.]

Este ejemplo comienza de una forma exagerada, pero sirve para ilustrar unos cuantos puntos. Primero, el coach no entra el pánico. Se muestra en conformidad con la importancia del tema, y hace una pregunta para convertirlo en algo más concreto. Segundo, el coach no da por sentado que lo ha entendido. La unidad de todos los cristianos es un tema inmenso que incluye muchísimas cosas. El coach tiene grandes posibilidades de equivocarse en cualquier suposición que pueda hacer. Pedirle a Eduardo que explique lo que quiere decir es la única manera de asegurarse que comprende lo que él tiene en mente. Tercero, el coach no descarta el tema. Hay quien hubiera reaccionado al deseo de unidad de todos los creyentes preguntando: «¿Y por qué no trabajamos en algo más práctico?». Pero este el coach se involucra en el tema del joven, se interesa. Cuarto, no es el coach quien enfoca el tema. Los temas amplios y vagos nos pueden llegar a intimidar. Para muchos, la respuesta natural sería tomar el control de la conversación e intentar conducirla, ofreciendo al joven un par de temas a tratar relacionados con la unidad de todos los cristianos. Sin embargo, es mucho mejor preguntarle al joven.

Ejemplos de preguntas de enfoque:

Es un tema muy amplio, ¿en qué aspecto te gustaría centrarte hoy?

¿En qué aspecto del problema te gustaría trabajar ahora mismo?

¿Qué aspecto de este tema te sería más útil trabajar esta semana?

De nuevo, no caigamos en la tentación de dar por sentado que entendemos sobre qué quiere trabajar el joven, ni de enfocar nosotros el tema. Al contrario, usemos preguntas para ayudarle a dividir ese tema tan amplio en temas pequeños, y decidir cuál es prioritario en la conversación de hoy.

Confirmar el objetivo

Conforme se va haciendo más claro y concreto el resultado esperado, pongamos a prueba nuestra comprensión, pidiendo a la persona que lo formule de nuevo. O podemos resumirlo nosotros mismos, pero con cuidado de no añadir significados o cosas concretas que el joven no haya mencionado.

Para que quede claro, ¿podrías formular de nuevo lo que deseas conseguir hoy?

Entonces, ¿quieres que la conversación de hoy se centre en esto?

A ver si lo he entendido bien, hoy quieres conseguir X, Y, y Z, ¿correcto?

Verificar el progreso durante la conversación

Preguntar al joven cuál es el resultado esperado y luego usar preguntas de exploración, aclaración y enfoque para afinarlo nos da la seguridad de estar trabajando sobre lo más importante y significativo para la persona. Con un resultado claro en mente, la conversación puede pasar a explorar el tema para despertar una mayor concienciación y una perspectiva adicional.

Durante esta exploración pueden recorrerse varios caminos distintos. Conocer el objetivo les permite a ambos determinar con mayor facilidad si la conversación va en la dirección correcta. En cualquier momento de la conversación podemos verificar el progreso en referencia al resultado esperado. Podemos preguntar algo así como:

¿Progresa la conversación tal y como se esperaba?

AMPLIAR

«No se puede enseñar nada a un hombre. Tan solo ayudarle a descubrirlo por sí mismo.»

—*Galileo Galilei*

Los descubrimientos, las pequeñas y grandes percepciones, son una parte fundamental de la experiencia del coaching y son el objetivo final de la fase de ampliar. Los jóvenes descubren cosas acerca de sí mismos, su situación, su potencial, sus acciones, su falta de ellas, sus premisas, sus valores... y la lista continúa. La emoción del descubrimiento genera nuevos pensamientos, emociones, perspectivas y empeño.

Los coaches facilitan estos descubrimientos y ayudan a los jóvenes a actuar basándose en sus percepciones. Al ir expandiendo su perspectiva y esclareciendo su situación actual, las personas ven más opciones para cambiar y actuar. Cuánto mayor es el descubrimiento, mayor es la predisposición a pasar a la acción.

En este capítulo aprenderemos a crear preguntas potentes que ayudarán a las personas a reflexionar más profundamente de lo que lo hubieran hecho por sí mismas. Aprenderemos a hacer preguntas que eleven su concienciación desde muchas perspectivas distintas. Y aprenderemos a estimular la percepción generando retroalimentación, en lugar de dándola.

Caminos nuevos, perspectivas nuevas

Félix estaba viajando a un lugar del oeste de España. Los romanos habían denominado a este lugar Finisterre (el fin de la tierra), porque consideraban que era el final del mundo conocido. El viaje de ida duró aproximadamente dos horas a pesar de que el lugar se encontraba a unos escasos 75 kilómetros de donde Félix y sus amigos estaban alojados. Recorrieron estrechas carreteras de montaña, subieron y bajaron colinas, y atravesaron bosques frondosos, siguiendo siempre las indicaciones del GPS hasta que, por fin, llegaron a su destino y disfrutaron de la vista del «fin del mundo».

Al pensar en el viaje de vuelta todos estuvieron de acuerdo en que no era posible que aquel fuera el único camino para un lugar tan turístico, tan transitado y tan conocido. Entonces, al observar con más detenimiento el GPS, vieron que estaba configurado para evitar todas las carreteras principales. ¡Con razón habían dado tantas vueltas! Lo reconfiguraron y en cincuenta minutos pudieron llegar a su alojamiento siguiendo una estupenda carretera de doble vía.

«¿Es que tienen ojos, pero no ven, y oídos, pero no oyen?...»
—Jesús, en Marcos 8.18

Nuestro pensamiento es como la carretera que hemos tomado. Exploramos, reflexionamos, actuamos y ajustamos nuestras acciones, todo según nuestra línea de pensamiento. Después de haber explorado todo lo que podemos, si nos atascamos, buscamos a alguien que nos ayude. Le explicamos la situación, valiéndonos de nuestra línea de pensamiento. La mayoría de las veces, la persona que nos ayuda también sigue nuestra línea de pensamiento, es decir la carretera que le presentamos. Nos ayuda a explorarla más, pero ya está vista. Su ayuda puede significar uno o dos pasos más hacia delante, pero seguimos andando por esa misma vieja carretera.

El cambio se da cuando juntos encontramos nuevas carreteras, sin limitarnos a viajar más rápido y a sortear obstáculos por aquella vieja carretera. Las luchas de la vieja carretera suelen pasar a ser irrelevantes cuando descubrimos una nueva carretera. Como le ocurrió a Félix cuando regresaba de su viaje al fin del mundo.

¿Cómo se encuentran otros caminos? Habitualmente, no en los lugares en que se nos ha enseñado a buscar.

Información ≠ Respuestas

Es una creencia común que la clave para encontrar respuestas y no quedarnos atascados es disponer de más información y conocimientos. Por eso acudimos a expertos por medio de libros, seminarios, podcasts y blogs, esperando que nos aporten un poco más de conocimiento. Que sería, supuestamente, la clave para resolver nuestros problemas.

Sin embargo, raramente nos abrimos paso gracias al conocimiento, porque contemplar una información adicional desde una misma perspectiva nos mantiene en esa misma carretera.

Con el coaching sucede algo distinto. El coaching no se centra en la información y el conocimiento, sino en lograr una nueva perspectiva de la situación. Una perspectiva estrecha tiende a limitar el pensamiento. Lograr un cambio de perspectiva, ver con nuevos ojos lo que ya «conocemos», puede llevarnos a descubrir nuevos caminos. Cuanto más amplia es su perspectiva, con más acierto ve una persona su situación.

Encontramos nuevos caminos ampliando nuestra perspectiva. Viendo el mismo mundo de nuevas maneras, con otros ojos. Desde una nueva perspectiva, descubrimos cosas sobre nuestra situación y sobre nosotros mismos. Al perseguir estas nuevas líneas de pensamiento percibimos cosas nuevas. Y, como resultado, nos encontramos inmediatamente con nuevas opciones de acción, significativamente distintas de las anteriores. Pasamos de estar atascados y de «haberlo probado todo» a ver muchas nuevas posibilidades y a sentirnos nuevamente esperanzados.

«El verdadero viaje del descubrimientono consiste en buscar nuevos paisajessino en verlos con otros ojos.»
—Marcel Proust

Cuando vemos con otros ojos y ganamos una mayor perspectiva, es mucho más probable que descubramos soluciones y superemos las situaciones que nos preocupan.

El conocimiento es algo del pasado

Como líderes, solemos considerarnos una fuente de conocimiento. Por tanto, enseñamos, decimos o aconsejamos. De esta manera le pasamos nuestros conocimientos a otra persona. El proceso de instrucción exige que la otra persona nos escuche compartir nuestros conocimientos. Por supuesto, en esto partimos del supuesto de que nuestro aporte será clave para resolver el problema de la otra persona, o para ayudarla a alcanzar su objetivo.

Es cierto, a veces sirve. Pero los conocimientos, incluso aquellos que nos han funcionado a nosotros en el pasado, no tienen la capacidad de generar percepciones en la otra persona. Hacemos nuestro solamente aquello que nosotros descubrimos.

Por favor, no queremos dar en este libro una impresión incorrecta. Nos encanta estudiar lo que ya se ha dicho y hecho sobre un tema. Esa información no tiene precio. Sin embargo, es tan solo *un* tipo de aprendizaje. Y creemos que hay un aprendizaje más profundo, que va más allá del conocimiento existente y de cómo lo han aplicado otros. Este aprendizaje profundo, de hecho, crea nuevas ideas, aplicaciones y acciones de las que ni el coach ni la persona eran conscientes hasta ese momento.

Crear algo nuevo exige un pensamiento reflexivo y comprometido. Ahí es dónde entran en juego las preguntas potentes. Plantear las preguntas correctas fomenta la reflexión de una manera más eficaz que limitarnos a proporcionar conocimientos. Las preguntas son la herramienta principal de los coaches en su trabajo con las personas. Las preguntas estimulan el pensamiento, amplían la perspectiva y generan nuevas posibilidades de acción.

Veamos qué diferencia hay entre conocimiento y preguntas:

El conocimiento es el pasado;
las preguntas son el futuro.

El conocimiento es estático;
las preguntas son dinámicas.

El conocimiento es rígido;
las preguntas son flexibles.

El conocimiento limita las opciones;
las preguntas crean posibilidades.

El conocimiento requiere adaptación;
las preguntas piden innovación.

El conocimiento es un lugar;
las preguntas son un viaje.

El conocimiento puede ser superior;
las preguntas exigen humildad.

El conocimiento sabe;
las preguntas aprenden.

Preguntas potentes y perspectiva

Las preguntas potentes son las herramientas que ayudan a los jóvenes a encontrar respuestas y descubrir nuevos caminos. Mucha gente no es reflexiva por naturaleza, y todos tenemos una perspectiva limitada. Los coaches estimulan e incluso *provocan* la reflexión por medio de preguntas que hacen pensar al joven con más profundidad de lo que haría por sí solo.

Pero, ¿por qué hay que hacer preguntas? ¿No es más rápido limitarnos a contar nuestras ideas y a compartir nuestra experiencia? ¿Por qué no dar sencillamente la respuesta?

Lyle Schaller es un nombre que quizás no te suene conocido, pero esta persona hizo por la consultoría de iglesias y denominaciones lo que Peter Drucker hizo por las corporaciones. De hecho, ellos dos eran amigos. Schaller se centró en llevar el cambio a las organizaciones, y creía en el poder de las preguntas.

Él escribió: «La manera más eficaz de influir en el comportamiento individual e institucional es hacer preguntas».[10] Esta enérgica declaración va en dirección contraria a las prácticas comunes de liderazgo. Muchos de nosotros actuamos como si instruyendo, recordando, inspirando, predicando, convenciendo, encargando o anunciando, fuéramos a cambiar la conducta de los demás. Sin embargo, sus años de experiencia en consultoría en más de 60 denominaciones le proporcionaron a Schaller amplias oportunidades de probar estos acercamientos, y él llegó a la conclusión de que las preguntas son el método más eficaz. Schaller decía: «El cambio es el nombre del juego y las preguntas son ¡el corazón de dicho juego!»[11]

¿De qué manera generan cambios las preguntas? Según la educadora de adultos Jane Vella, «las preguntas abiertas son la única práctica segura que invita al pensamiento crítico y al aprendizaje eficaz.»[12] Los adultos aprenden mejor a través del diálogo, y las preguntas fomentan el diálogo. El pensamiento crítico o analítico es una manera abierta y no defensiva de examinar un tema. Vella descubrió que se consigue reflexionar mejor a través del diálogo. Dialogar es elegir un tema y examinarlo desde distintas perspectivas. Las preguntas abiertas permiten ver el tema de maneras nuevas, produciéndose así descubrimientos y, por tanto, aprendizajes.

Cómo hacer preguntas potentes

Una de las cuestiones que más se suscita en los talleres de coaching es: «¿Cómo hago una pregunta potente?» Sería genial disponer de toda una serie de preguntas que destaparan automáticamente la perspectiva y las percepciones de los demás. Desafortunadamente, hay pocas preguntas «mágicas». ¡Y las potentes no son tan fáciles de encontrar!

«Los pensamientos humanos son aguas profundas;
el que es inteligente los capta fácilmente.»

Proverbios 20.5

Las preguntas potentes surgen al *escuchar* en profundidad y al *involucrarnos* con la persona. Lo que da poder a una pregunta es su capacidad de provocar a reflexión. Muchos de nosotros estamos acostumbrados a contar a la gente nuestras propias reflexiones, pero no a hacer aflorar las suyas. Para plantear preguntas potentes resulta útil tener tres principios en mente:

1. **¿El joven o yo?**
   ¿A quién beneficia esta pregunta, al joven o a mí?

2. **¿Hacia adelante o hacia atrás?**
   ¿Es una pregunta centrada en el pasado, o mira hacia adelante?

3. **¿Construir o corregir?**
   ¿Pretende corregir al joven, o le ayuda a crecer?

¿El joven o yo?

Las preguntas potentes son en beneficio de la otra persona, no de quien pregunta. Son preguntas basadas en los temas del joven, no del coach. Hemos visto en el capítulo anterior que el objetivo de la conversación surgirá del joven. Pero es posible que el coach acote los temas de conversación cuando está en la fase de ampliar. Esto puede ocurrir si el coach plantea preguntas en beneficio propio y no del joven.

Se trata de un problema que se origina en la mentalidad del coach. Si el coach se considera a sí mismo como el proveedor de soluciones, entonces debe conocer todos los detalles de la situación para poder proporcionar una solución útil.

Por ejemplo, si el tema es un conflicto, el coach proveedor de soluciones tendrá que escuchar todos los detalles para poder aconsejar una posible solución al conflicto. ¿Quién conoce esos detalles? El joven. ¿Quién no? El coach. Sin embargo, si el coach se ve a sí mismo como alguien que ayuda al joven a reflexionar para encontrar sus propias soluciones, no necesitará saber muchos detalles sobre el conflicto. El coach se centra en el proceso de resolución del conflicto haciendo preguntas potentes.

> **Pregunta centrada en el coach: «Cuéntame en detalle el conflicto».** (El joven ya lo conoce el conflicto, por tanto la pregunta es en beneficio del coach.)
>
> **Pregunta centrada en el joven: «¿Cuál sería una resolución excelente para este conflicto?»**

¿Hacia adelante o hacia atrás?

Las preguntas potentes miran hacia adelante, no hacia atrás. Este principio se construye sobre el anterior: si el coach no está proporcionando soluciones, tampoco necesita conocer demasiado del contexto. El joven ya conoce el trasfondo. Otros estilos de ayuda dedican el grueso de la conversación a analizar todos los detalles y el contexto de la situación. El historial puede ser interesante, pero es una práctica que suele contribuir poco al objetivo de obtener nuevas perspectivas y percepciones.

Una de las diferencias clave entre terapia y coaching es que un consejero o terapeuta intenta encontrar cuestiones del pasado de la persona que le impiden avanzar en la vida. Se vale de herramientas y técnicas especiales para comprender dichas cuestiones y poder superarlas y zanjarlas. Mientras que muchas de las técnicas de diálogo que usan consejeros y coaches son las mismas, el coaching empieza en el presente y está orientado al futuro. En principio, las personas que hacen coaching están psicológicamente y emocionalmente sanas y quieren avanzar. Si sospechamos que un joven con quien hacemos coaching sufre un trastorno psicológico como una depresión, adicción, trastorno de la alimentación o tendencias suicidas, hay que derivar a esta persona a un consejero o terapeuta calificado que le pueda prestar la ayuda que necesita.

Esto no quiere decir que el coach nunca haga preguntas sobre el pasado. A veces es muy productivo ayudar a la persona a conectar su experiencia pasada con su situación actual. La cuestión es que necesitamos saber muchos menos detalles acerca de la situación del joven de los que creemos necesitar. Así que mejor centrémonos en hacer preguntas que miren hacia adelante.

> **Pregunta que mira hacia atrás: «¿Por qué lo organizaste así?»** (El coach quiere la historia, pero quizás no sea necesaria.)

> **Pregunta que mira hacia adelante: «¿Qué harías diferente la próxima vez, si te encontraras en una situación similar?»**

¿Construir o corregir?

Las preguntas potentes fomentan el descubrimiento enfocado hacia la acción y no son un intento sutil de corregir al joven. Lamentablemente, por muy imparciales que intentemos ser, siempre haremos juicios mentales sobre la situación del joven. Estos juicios pueden filtrarse en forma de preguntas que esperamos que le ayuden a darse cuenta de sus errores. Este tipo de preguntas pretenden «ampliar su concienciación» y corregir al joven.

Este enfoque conlleva un par de problemas. Por un lado, se puede perder fácilmente la confianza del joven si este tiene la sensación de que está siendo juzgado. La reacción natural de cualquiera que sospecha esto es cerrarse, ponerse a la defensiva e intentar justificar sus acciones. Por otro lado, el joven también puede sentirse manipulado. Puede ver nuestras preguntas como un intento de «arreglarlo», y no como una indagación honesta. Algunos jóvenes incluso pueden creer que tenemos la respuesta y se la estamos escondiendo. Esto no fomenta ni la confianza ni el descubrimiento de sí mismos.

Por tanto, no enfoquemos las preguntas hacia un intento de «corregir» al joven, sino sobre aquello que le sea constructivo. Durante la conversación de coaching, el joven debe crecer en comprensión, perspectiva, opciones, soluciones y acciones.

> **Pregunta correctiva: «¿Por qué no lo has delegado en alguien?»** (El coach está pensando: «Deberías haberlo delegado hace tiempo».)

> **Pregunta constructiva: «¿Qué ayuda necesitarías de ahora en adelante?»** (El simple uso del termino «delegar» ya suena, como mínimo, a sugerencia, si no es que a juicio. Quedémonos con el término «ayuda» y veamos qué se le ocurre al joven con quien trabajamos.)

Pasar de nuestras ideas a las suyas

Todos tenemos ideas. Según el dicho: «Las ideas son como los niños. Los de los demás son bonitos, pero los nuestros son siempre mejores». Lo mismo nos ocurre a los coaches. ¡Nos gustan nuestras ideas! Para nosotros tienen sentido, y estamos seguros de que al joven le serán útiles.

Entonces, ¿qué hacemos con las ideas que nos vienen a la mente durante la conversación de coaching? Veamos cómo a veces caemos en la tentación de compartir nuestras ideas...

- «Yo en tu lugar, le pediría ayuda a Susana.»
- «Deberías pedirle a Susana que te ayude.»
- «Si tienes visión, le pedirás ayuda a Susana.»
- «Susana es muy capaz, ¿por qué no le pides ayuda?»

Estos ejemplos de un coach compartiendo su idea tienen muchos inconvenientes. Al oír «Yo en tu lugar...», es muy posible que el joven piense: «¡Es que yo no soy usted y usted no es yo!». Al oír «Deberías» o «le pedirás» o «¿por qué no le pides?», el joven puede sentir que son órdenes, y que si no responde positivamente a las ideas del coach, será juzgado. Al menos el último de los cuatro ejemplos ofrece un poco de razonamiento y toma en consideración la opinión del otro... Sin embargo, el mayor problema de estas sugerencias es que son ideas del coach y no se han obtenido a partir de los recursos propios del joven.

> *«La transformación se produce en mayor grado gracias a la indagación en preguntas profundas que a la búsqueda de respuestas prácticas.»*
> *—Peter Block* [13]

En algunos roles de ayuda, se considera una función normal la de compartir nuestras ideas con la otra persona. Sin embargo, el enfoque del coaching implica hacer aflorar las ideas y los recursos de la otra persona, ayudándole a reflexionar sobre el mérito y la aplicación de dichas ideas. Un aspecto clave del coaching es que sea el joven quien genere sus propias ideas.

El propósito de dar una idea es ayudar a la persona a encontrar una solución. Sin embargo, cuando damos una solución creamos un cortocircuito en el proceso reflexivo que equipa al joven para encontrar sus propias soluciones. Según el dicho popular, le estamos dando el pescado en lugar de enseñarle a pescar.

Preguntas según «mi idea»

Debemos tener cuidado, porque es posible utilizar preguntas y aun así seguir compartiendo nuestras propias ideas. Como si «disfrazáramos» nuestras ideas, poniéndolas en forma de pregunta. Echemos un vistazo a los siguientes ejemplos:

- «¿Piensas organizar los jóvenes en grupos pequeños?»
- «¿Podría ayudarte Susana?»
- «¿Y por qué no pides un ordenador nuevo?»
- «¿Cómo aprendes tú? ¿Leyendo libros o hablando con la gente?»

Este tipo de preguntas están centradas en nuestras ideas. Son, en realidad, un vehículo para transmitirle al otro nuestras propias ideas y sugerencias. Son las preguntas más fáciles de hacer, porque básicamente estamos dando un consejo en forma de pregunta.

Estas preguntas centradas en nuestras ideas surgen directamente de nuestra propia perspectiva acerca de las soluciones o de los pasos que hay que dar. Este tipo de preguntas limitan la reflexión del joven, porque este debe limitarse a responder «sí» o «no» a la pregunta del coach. Incluso en el caso de las preguntas que llevan un «o», le estamos dando a elegir entre dos ideas, pero ambas ideas han surgido del coach.

Las preguntas potentes hacen reflexionar a la otra persona. Las preguntas centradas en nuestras ideas no generan este tipo de reflexión profunda y creativa.

Una alternativa es hacer preguntas abiertas. La respuesta a una pregunta abierta puede ir en cientos de direcciones distintas. Hacer preguntas abiertas exige al coach que ceda el control de la conversación, y que esté dispuesto a ir a dónde le lleven el Espíritu Santo y el joven. Esta falta de control puede asustar al coach, pero es necesaria para alcanzar los objetivos del proceso de coaching.

Abramos las preguntas

Las ideas no se nos van a ir de la cabeza, por tanto, usémoslas. Pero en lugar de usarlas haciendo preguntas en las que le damos al joven nuestra idea, usémoslas para crear preguntas abiertas. Hacer preguntas abiertas nos ayudará a dejar de ser dadores de ideas y a convertirnos en exploradores de ideas.

Podemos crear preguntas abiertas tomando nuestra idea y yendo a la raíz de la misma, a la categoría más amplia detrás de esa idea. Al preguntar sobre la categoría más amplia, animamos al joven a reflexionar y a encontrar su propia respuesta.

Imaginemos que estamos conversando con un joven y de repente nos viene a la mente una idea concreta, una sugerencia o una instrucción. Si con esa idea hacemos directamente una pregunta, esta será una manera de compartir nuestra idea. Veamos un ejemplo: Durante una conversación sobre como se estructura el ministerio juvenil de la iglesia, el coach pregunta: «¿Piensas dividir a los jóvenes en grupos pequeños?» ¿Cuántas opciones hay ahí? Una. ¿De quién es la idea de establecer grupos pequeños? Del coach. Aquí el coach está utilizando la pregunta para dar su idea, su sugerencia o sencillamente una respuesta disfrazada de pregunta. Y el «dividir al grupo en grupos pequeños» es una idea demasiado específica como para hacer reflexionar al líder juvenil.

En lugar de eso, debemos trasladar nuestra idea a la categoría más amplia de la que forma parte, y preguntar acerca de *ese* tema. En el ejemplo anterior, nuestra idea era «establecer grupos pequeños». Por tanto, la tomamos y la ampliamos, pensando de qué tema o categoría forma parte. La categoría o tema que hay detrás de «establecer grupos pequeños» es en realidad *cómo estructurar*, así que podríamos preguntar: «¿Qué planes tienes para *estructurar* tu ministerio juvenil?». ¿Cuántas opciones le da al líder juvenil esta pregunta? Muchas. ¿Quién pensará las opciones? El líder juvenil. ¡Esta es una pregunta abierta!

Probemos con otro ejemplo. En lugar de preguntar: «¿Podría ayudarte Susana?», sería mejor preguntar: «¿Quién crees que podría ayudarte?». Así, la persona pasa inmediatamente de tener una sola posibilidad (Susana) a tener una multitud de posibilidades (cualquier persona).

Veamos más ejemplos:

Pregunta según mi idea: «Tengo un libro muy bueno sobre la pastoral juvenil, ¿te gustaría leerlo?»

Pregunta abierta: «¿Cómo piensas que podrías aprender más sobre la pastoral juvenil?»

Pregunta según mi idea: «¿Has pensado en la posibilidad de cambiar de iglesia?»

Pregunta abierta: «¿Qué opciones ves ante esta situación?»

Pregunta según mi idea: «¿Crees que romper la relación con esa persona podría ser el siguiente paso a dar?»

Pregunta abierta: «¿Cuáles serían los siguientes pasos que podrías dar con esa persona?»

Pregunta según mi idea: «¿Quién dentro del liderazgo juvenil podría ayudarte?»

Pregunta abierta: «¿Quién podría ayudarte?»

Pregunta según mi idea: «¿Cómo aprendes mejor, leyendo libros o hablando con la gente?»

Pregunta abierta: «¿Cuál es su estilo de aprendizaje favorito?»

Tanto las preguntas según la idea del coach como las preguntas abiertas siguen un patrón. Por ejemplo, las preguntas según las ideas del coach habitualmente incluyen palabras en infinitivo y condicional, mientras que las preguntas abiertas suelen empezar con «¿qué?» o «¿cómo?».

La tabla 2 contiene una lista de palabras con las que suele empezar cada tipo de preguntas.

Tabla 2

PALABRAS TÍPICAS EN LAS PREGUNTAS SEGÚN LA IDEA DEL COACH Y EN LAS PREGUNTAS ABIERTAS	
Preguntas según la idea del coach	Preguntas abiertas
• ¿Harías...? • ¿Podrías...? • ¿Vas a...? • ¿Piensas...? • ¿Tienes...? • ¿Has pensado en...?	• ¿Qué...? • ¿Cómo...? • ¿Quién...? • ¿Dónde...? • ¿Cuándo...? • ¿De qué maneras...?

Hacer preguntas desde ángulos distintos

Una manera segura de ayudar a las personas a descubrir nuevos caminos y ampliar su perspectiva es hacer preguntas desde distintos ángulos. Los ángulos son las perspectivas o los caminos por los que discurre nuestro pensamiento. Si nuestro pensamiento se queda en el mismo camino, las soluciones se limitarán a las que dicho camino nos ofrece. Sin embargo, hay muchos caminos (muchas maneras de pensar sobre algo) y otras tantas perspectivas...

Cuando un joven nos explica su situación, lo más natural es verla inmediatamente desde dos perspectivas: la nuestra y la suya. Y es fácil quedarse atascado en *cualquiera* de los dos caminos. Sin embargo, en lugar de eso, el coach puede hacer preguntas desde distintas perspectivas, desde diferentes ángulos. Los ángulos son similares al tema o categoría que hemos utilizado antes para producir preguntas abiertas. Algunos ángulos que se pueden explorar son: el de las relaciones, el familiar, el eclesial, el del dinero, el de las motivaciones, el espiritual, etc.

He aquí un ejemplo que le ocurrió a Félix. Matías era el pastor de jóvenes de una iglesia grande en Argentina, parte de una importante denominación. Todos los cambios que había intentado implementar en su iglesia habían chocado frontalmente con la resistencia del pastor, quien insistía, una y otra vez, en que las cosas debían de hacerse como siempre se habían hecho y en que los cambios eran totalmente innecesarios y peligrosos. Matías se sentía desanimado, frustrado y sin saber qué hacer al respecto. La situación estaba estancada.

Entonces al coach se le ocurrió intentar mirar el conflicto desde el punto de vista de la cultura de la denominación de Matías...

Félix preguntó: «¿De qué modo puede estar la cultura de tu denominación afectando esta situación?»

«No veo que pueda tener ninguna relación. El pastor siempre tiene la autoridad final y, de hecho, no se valora el tomar iniciativas al margen del liderazgo establecido.» dijo Matías.

«¿Ayúdame a entender qué significa "tomar iniciativas al margen del liderazgo establecido"?», indagó Félix.

«Hacer algo de manera independiente, sin consultarlo, sin hablarlo previamente. Los líderes de nuestra denominación reaccionan muy mal ante lo que podríamos llamar "sorpresas"...», respondió Matías.

«Ahora ponte un momento en el lugar de tu pastor. ¿Cómo te estás comportando tu con respecto a los cambios?», siguió Félix.

Después de un momento de pausa reflexiva Matías contesto: «Bueno... Ahora que lo pienso, me estoy comportando de manera muy independiente. Para ser honesto, me estoy manejando con una política de hechos consumados. Creo que estaba tan motivado con los cambios, y los había visto tan claramente necesarios, que no me tomé el tiempo para hablar, comentar, y buscar la opinión y la bendición de mi pastor.»

«¿Qué piensas que habría pasado si lo hubieras hecho?»

«En verdad mi pastor no es una persona totalmente cerrada. Pienso que él hubiera respondido bien. Tal vez ha sido un problema, no tanto de *fondo*, sino más bien de las *formas* que he usado.»

«Entonces, ¿cómo puede estar afectando este conflicto ese aspecto de la cultura de tu denominación?»

«Sin duda está agravando la situación. Creo que no he sido lo suficientemente sensible a mi pastor y a cómo debe sentirse cuando yo tomo decisiones y las hago públicas sin consultarle. Especialmente porque, como dije anteriormente, respetar la autoridad es algo básico en nuestra denominación.»

«Matías, teniendo esta reflexión en mente, ¿cómo puedes plantear las cosas de forma diferente?»

«Bueno, creo que debo hablar con mi pastor y pedirle disculpas por haber sido descortés y desconsiderado en mi manera de actuar hasta hoy. Creo que debo presentarle los planes que quiero implementar, explicarle muy bien el porqué de todo lo que deseo llevar a cabo y cómo contribuirá a la mejora de la atención y cuidado de los jóvenes, y pedirle su opinión, bendición y permiso para llevar a cabo los cambios.»

«Creo que esas son unas observaciones muy útiles, Matías...»

Como vemos aquí, el hacer preguntas desde distintos ángulos permite a la persona reflexionar sobre su situación desde distintas perspectivas. Por eso en el proceso de coaching se suele usar mucho este tipo de preguntas. Con la práctica, es normal tener el presentimiento de que es posible obtener algo explorando cierto ángulo. Otras veces, simplemente se plantea la pregunta para ver qué nuevas reflexiones puede provocar. El objetivo es elevar el grado de concienciación y ampliar la perspectiva del joven sobre su problema o situación.

Si hacemos una pregunta de ángulo que no surte el efecto deseado, es decir, no tiene relevancia para la persona ni da origen a ideas nuevas, pues bien, no pasa nada, continuamos. La clave es hacer salir al joven del camino por el que ha estado circulando (su propia perspectiva), y ayudarlo a explorar caminos alternativos. Algunos caminos serán callejones sin salida, y tendremos que dar media vuelta y tomar otra dirección. Otros caminos serán como vías de acceso rápido a la autopista, y transportarán rápidamente el pensamiento del joven a otro lugar.

25 ángulos

Los ángulos son las distintas perspectivas posibles para abordar una situación:

1. Relacional: ¿Cuál es la dinámica de las relaciones?

2. Trasfondo: Da un paso atrás por un momento, ¿cuáles son los temas subyacentes?

3. Espiritual: ¿Qué ves desde la perspectiva espiritual?

4. Cultural: ¿Qué papel puede estar jugando la cultura en esta situación?

5. Personalidad: ¿Cómo puede estar influyendo aquí la personalidad (la tuya o la de otros)?

6. Económica: Si el dinero no fuera un problema, ¿cómo cambiaría la situación?

7. Emociones: ¿Qué papel juegan las emociones en esta situación?

8. Intuición: ¿Qué te dice la intuición?

9. Información: ¿Qué información adicional necesitas?

10. Personas: ¿Quién podría darte una perspectiva distinta?

11. Denominación: ¿Cómo puede estar influyendo la cultura de su denominación?

12. Entorno: ¿Qué cosas de tu entorno te están frenando?

13. Comunidad: ¿De qué maneras notas la influencia de tu comunidad?

14. Valores: ¿Cuál de tus valores estás intentando honrar en esta situación?

15. Llamamiento: ¿Qué relación tiene esto con tu llamamiento?

16. Cónyuge: ¿Qué piensa tu cónyuge de esta situación?

17. Familia: ¿Cómo está afectando esto a tu familia?

18. Jefe: ¿Dónde encaja aquí tu jefe?

19. Experiencia: ¿Cómo has manejado situaciones similares en el pasado?

20. Prioridad: ¿Qué importancia tiene este asunto para ti?

21. Motivación: ¿Qué significaría para ti personalmente el superar esta situación?

22. Pérdida: ¿De qué debes desprenderte para poder avanzar?

23. Tiempo: ¿Qué cambiaría si dispusiera de 3 días/meses/años más?

24. Energía: ¿Qué aspectos de todo esto te dan energía?

25. Jesús: ¿Qué haría Jesús? [14]

Concienciación por medio de la retroalimentación

Otra manera de elevar el grado de concienciación es dar retroalimentación al joven. El objetivo de la retroalimentación es proporcionarle a la persona información útil que le ayude a mejorar y desarrollarse. Esta información puede reforzar conductas positivas, o señalar puntos ciegos o cuestiones a mejorar.

La retroalimentación, por naturaleza, refuerza y corrige. Sin embargo, no toda retroalimentación es recibida de igual manera. Hay un mundo de diferencia entre la retroalimentación positiva (reconocimiento y ánimo) y la correctiva. Seamos honestos: a *nadie* le gusta escuchar una retroalimentación crítica. Por lo tanto, el mayor obstáculo para la retroalimentación correctiva son las defensas de la persona. Hay que hacerlas bajar para que la persona pueda evaluar más objetivamente lo que se le dice.

Para ayudar a digerir la retroalimentación, los coaches nos valemos de trucos. Un ejemplo de estos trucos es el «emparedado de retroalimentación». Se trata de intercalar la retroalimentación crítica entre dos comentarios positivos. O la retroalimentación de 3 + 1, en que hacemos 3 comentarios positivos primero, para que la persona se prepare para el comentario correctivo. Veamos un ejemplo real:

«Berta, hoy has dirigido muy bien el grupo», le dijo Pablo, su líder de jóvenes.

«¡Gracias!», respondió ella, sintiéndose muy animada.

«Has conseguido hacer participar a los más callados», siguió Pablo.

En la mente de Berta empezaron a sonar suavemente las señales de alarma. *«Ya van dos cumplidos seguidos,»* pensó, *«así que si llega un tercero, significa que algo anduvo mal».*

Pablo siguió: «Además, me gusta que nos hayas animado a dar pasos prácticos».

«¡Tres! ¡Lo sabía! Ahora vendría algo negativo.» Berta notó que se le aceleraba el corazón y le sudaban las manos, y empezó a descartar mentalmente lo que su líder le iba a decir, incluso antes de escucharlo. *«Es gracioso,»* pensó *Berta, «al escuchar el primer cumplido no me he puesto en absoluto a la defensiva, ni tampoco luego del segundo, pero ahora ya van tres y sé lo que viene después...»*

Él continuó: «¿Te importa si te doy algo de retroalimentación...?»

«En absoluto» dijo Berta, mientras pensaba *«Eso es lo que debo responder, ¿no?»*

«Llevas ya casi un año, y todavía diriges toda la reunión. Hay otras personas, como Jaime, que son muy capaces, y quizás se sentirían reforzados si les encargaras dirigir alguna parte.»

«¡¿Jaime?!» pensó Berta, «¿Por qué estás siempre promocionando a Jaime? Aquí no hacíamos más que perder el tiempo hasta que yo me puse al frente y empecé a dirigir las reuniones. Es increíble. No estoy dispuesta a sacrificar todo esto tan solo para que tu amigo Jaime pueda tener su momento de fama.»

Eso pensó, pero lo que dijo fue: «Gracias, lo tendré en cuenta».

Casi todos nos ponemos a la defensiva cuando tenemos que hacer frente a una retroalimentación crítica, ¡lo que pasa es que algunos lo disimulan mejor! Así es que, ¿cómo podemos dar una retroalimentación que la gente quiera escuchar? La respuesta es sencilla. No la demos.

Ampliar *sin* dar retroalimentación

Sir John Whitmore, un ex piloto de carreras que ahora se dedica al coaching de ejecutivos y deportistas profesionales, opina distinto sobre el lugar dónde debería originarse la retroalimentación. Él escribe: «Generar una retroalimentación relevante y de alta calidad, y que proceda todo lo posible de la propia persona y no de los expertos, es algo esencial para una mejora continuada en el trabajo, en el deporte y en todos los aspectos de la vida.» [15]

Ahora bien, «generar» no es un término que solamos utilizar para describir el proceso de retroalimentación. Solemos «dar» retroalimentación, lo cual, como ya vimos, provoca una actitud defensiva. Whitmore sugiere que la retroalimentación debe generarla la misma persona. No los expertos, ni nosotros, ni nadie. ¿Cómo podemos conseguir, entonces, que la persona genere retroalimentación? ¡A través de las preguntas!

Podemos hacer que el joven genere su propia retroalimentación por medio de un sencillo proceso de tres pasos.

1. **¿Qué has hecho bien?**
   Preguntar al joven qué ha hecho bien. Explorar sus conductas y sus resultados. Reforzar las conductas positivas.

2. **¿Qué podrías mejorar?**
   Preguntar al joven de qué manera piensa que podría mejorar. Hablar de cuáles podrían ser las mejoras concretas y qué resultados se podrían esperar.

3. **¿Qué harías distinto la próxima vez?**
   Generar posibles alternativas para el futuro. Intentar decidir cómo sería mejor hacerlo la próxima vez.

Veamos cómo hubieran ido las cosas si Pablo, nuestro líder de jóvenes, hubiera hecho que Berta generara la retroalimentación, en lugar de dársela él. Valiéndonos del proceso de tres pasos para generar retroalimentación, imaginemos cómo podría Pablo haber guiado a Berta en la reflexión sobre la reunión que acababa de dirigir y sobre cómo podría mejorar en el futuro.

«Berta, ¡estuvo muy bien la reunión de hoy!», comienza Pablo.

«¡Gracias!», responde Berta.

«¿Te parece que hablemos sobre ella un minuto?», propone Pablo.

«Claro.»

«¿Qué piensas que has hecho bien?»

«He conseguido que no nos salgamos del tema.»

«Sí, lo he notado. ¡Buen trabajo! ¿Qué más?»

«Hoy hemos llegado a los pasos prácticos, lo cual es una mejora.»

«¿Cómo lo has conseguido?»

«Hice hincapié en que fueran todos concretos y se cernieran al qué, quién y cuándo.»

«Es verdad. Animar así a la gente y luego no continuar hasta que hayan decidido los pasos prácticos ha sido un gran avance.»

«Gracias.»

«¿Hay algo más que te gustaría mejorar?»

«Mi objetivo para esta última reunión era asegurarme de que decidiéramos los pasos prácticos...»

«Pues lo has conseguido...»

«También he pensado que me gustaría que otras personas dirigieran la reunión conmigo.»

«¿Qué quieres decir?»

«Pues que ahora yo planifico la reunión y también la dirijo. Me gustaría que alguien más se ocupara de una parte.»

«¿Cómo lo harás?»

«Quizás Diana podría dirigir el grupo de manera más creativa. Es buena para estas cosas. La semana que viene tenemos que trabajar en dos temas. Yo podría hacer un esquema de los temas, y Diana podría dirigir el coloquio y generar así algunas opciones.»

«Suena bien. ¿Lo harán la semana que viene?»

«Sí, hablaré con Diana dentro de un rato.»

«OK. Bueno, una vez más, quiero decirte que lo has hecho muy bien.»

Encontrar caminos nuevos

Empezamos este capítulo comparando nuestra línea de pensamiento con una carretera. No todas las carreteras nos llevan a donde queremos ir. Demasiado a menudo nos quedamos en la que nos resulta cómoda. Sin embargo, a través de las conversaciones de coaching podemos ayudar a la gente a ganar perspectiva, encontrar nuevos caminos, hacer descubrimientos y encontrar sus propias ideas.

Si el coach hace preguntas abiertas, y no según su idea, el joven tiene la libertad de explorar sin verse limitado por las ideas del coach. Las preguntas planteadas desde ángulos distintos ayudan a explorar en nuevas direcciones. Cada ángulo es como un nuevo camino lleno de perspectivas y descubrimientos. Finalmente, al generar retroalimentación en lugar de darla, podemos contribuir a que la persona reflexione de manera más profunda sobre sus acciones, sin tener que ponerse a la defensiva como suele pasar con la retroalimentación externa.

Los nuevos caminos, los descubrimientos y la mayor perspectiva vienen acompañados de nuevas opciones de acción. El lento avance por la vieja carretera queda atrás, y en su lugar aparecen nuevos caminos con todo tipo de posibilidades de acción y aplicación. Y hacia allí se dirige ahora la conversación de coaching: hacia la acción y la aplicación.

CONCRETAR

«Saber una cosa no es difícil; lo difícil es saber hacer uso de ella.»

—Han Fei Tzu [16]

«Cuando falta el consejo, fracasan los planes...» escribió el sabio (Proverbios 15.22a). Eso era cierto hace 3.000 años y lo sigue siendo hoy. Pero hay muchas maneras de aconsejar. Los coaches ayudan a las personas a generar múltiples opciones y a entender con más claridad los posibles resultados y consecuencias de cada opción disponible. Este proceso ayuda al joven a pasar a la acción.

La reflexión y el coloquio no son fines en sí mismos. La reflexión debe ir más allá de unos pensamientos apasionados y unas percepciones ingeniosas; hay que pasar a la aplicación. Los pasos prácticos ponen pies a las percepciones y a los descubrimientos. Además, ayudar a la gente a pasar a la acción es una de las funciones clave del coach. Sin pasos prácticos, los descubrimientos y las percepciones quedan simplemente en buenas ideas.

Ayudar con los pasos prácticos es relativamente fácil si se ha hecho bien la fase de ampliar. Las ideas prácticas fluyen de manera natural gracias a la concienciación y las nuevas perspectivas. Los coaches ayudan a las personas a crear pasos prácticos por medio de las técnicas conversacionales, el saber escuchar y unas preguntas potentes. El coach es responsable del proceso de generación de pasos prácticos, pero no de formularlos ni de darle «deberes» al joven con quien trabaja.

El coaching ayuda a las personas a crear pasos prácticos que las acerquen a su objetivo. Es 100% responsabilidad del joven decidir cada paso práctico, pero el coach, por medio del diálogo, plantea preguntas de aclaración sobre cada paso práctico concreto, sobre cómo lo llevará a cabo y sobre si el margen de tiempo es realista. El buen coach mantiene un equilibrio entre la ambición (o la falta de ella) y la planificación práctica. Y todo ello resulta en un mayor avance para la persona.

Tras la reflexión...

Si ponemos a hervir agua de mar en una olla hasta que se evapore totalmente, nos quedaremos con la sal. Si hacemos hervir la práctica del coaching hasta que solo queden sus elementos esenciales, nos encontraremos con la reflexión y la aplicación. La reflexión conduce al joven a percepciones importantes, y estas percepciones lo conducen a una aplicación en forma de pasos prácticos. Estos elementos esenciales siguen el ciclo de acción-reflexión que mencionamos al inicio.

Los coaches se valen de la escucha activa y de las preguntas potentes para ayudar a las personas a explorar sus propios corazones y a reflexionar sobre su propia situación. Este proceso echa luz sobre la realidad, amplía la perspectiva y proporciona nuevos momentos de «¡ajá!» o de «¡oh, no!». Estos momentos son emocionantes porque se disipan las nubes de la confusión y el alivio entra como el sol, dando al joven una esperanza nueva. Pero para que esta esperanza se haga realidad, la persona debe poner sus percepciones *en práctica*, y eso puede ser un trabajo duro.

Permanecer en el mundo intangible de la teoría y de las ideas es seguro. Puede ser muy acogedor envolverse en el misterio espiritual de la reflexión y las percepciones. Sin embargo, para actuar conforme a estas, debemos descender de la cumbre de la reflexión y arriesgarnos a usar nuestras ideas y percepciones en el mundo real.

Es fácil quedarse satisfecho con una nueva percepción o un cambio de perspectiva y detenerse allí. Pero los buenos pensamientos seguidos de la falta de acción no modifican la realidad. Este problema no es nuevo. Ya el Señor criticó a Israel por lo mismo: «Y se te acercan en masa, y se sientan delante de ti y escuchan tus palabras, pero luego no las practican...» (Ezequiel 33.31a). Es más fácil seguir haciendo lo que hacíamos antes, que hacer lo necesario para cambiar.

La tensión entre la reflexión y la acción es un problema ancestral, del que la Biblia trata en más de un pasaje. El libro de Santiago, por poner otro ejemplo, retrata la *fe* (nuestras creencias, ideales y valores) reñida con su *puesta en práctica*. Vemos cómo se aboga por una fe en acción en Santiago 2.14-26:

■ «... la fe por sí sola, si no tiene obras, está muerta.»

■ «... yo te mostraré la fe por mis obras.»

■ «Su fe y sus obras actuaban conjuntamente, y su fe llegó a la perfección por las obras que hizo.»

Fe y obras (percepciones y pasos prácticos) no se excluyen mutuamente. La relación es simbiótica, estrecha y continua. Las percepciones producen acciones. Las acciones completan las percepciones. La fe que no actúa, solo es una fe en potencia. Que, según Santiago, está muerta.

«Nuestro pensamiento no provoca una nueva manera de actuar, nuestro actuar sí provoca una nueva manera de pensar.»

—Bossidy, Charan & Burck en Execution.

Jesús nos animaba a aplicar sus enseñanzas: «Por tanto, todo el que me oye estas palabras y las pone en práctica es como un hombre prudente que construyó su casa sobre la roca.» (Mateo 7.24). Y también lo hacía Pablo cuando escribía: «Pongan en práctica lo que de mí han aprendido, recibido y oído, y lo que han visto en mí, y el Dios de la paz estará con ustedes.» (Filipenses 4.9).

El origen de los pasos prácticos

Pocos cristianos cuestionarían el papel que juega el Espíritu Santo en el proceso de reflexión, y las percepciones que da. Pues precisamente es el mismo Espíritu Santo quien da origen a los pasos prácticos. Veamos Filipenses 2.13: «...pues Dios es quien produce en ustedes tanto el querer como el hacer para que se cumpla su buena voluntad». Dios pone la voluntad (el deseo y la motivación) en las personas, así como la capacidad de actuar. Él es el origen de los pasos prácticos, esas acciones que completan las percepciones que Él nos da cuando reflexionamos.

Los pasos prácticos son una manera poderosa de lograr que las personas vivan su llamamiento. Los coaches empleamos aquí el mismo proceso de descubrimiento espiritual que en la fase de ampliar, de modo de generar pasos prácticos guiados por el Espíritu Santo, con el propósito de que la persona comience a vivir según lo percibido. Las percepciones sin los pasos prácticos se quedan a medias. El propósito y el deseo de Dios es que completemos las percepciones poniéndolas en acción.

Anatomía de un paso práctico

Los pasos prácticos son las transiciones del pensamiento y la percepción a la acción y la aplicación. En lo que resta de este capítulo, mostraremos cómo ayudar a los jóvenes a crear pasos prácticos que les den la mayor garantía de éxito posible.

No todos los pasos prácticos son iguales. Algunos pasos prácticos están condenados al fracaso desde un principio. Esto puede suceder porque un paso práctico sea demasiado grande, o irrelevante, o porque el joven no tenga ni idea de cómo llevarlo a cabo en su realidad única y singular, o por otros motivos.

Los pasos prácticos no son siempre actos físicos. A veces implican más reflexión sobre el tema en cuestión. Consultarle algo a alguien y pedir su opinión es un paso práctico. Investigar sobre un tema es un paso práctico. Reflexionar con tranquilidad es un paso práctico.

Otras veces un paso práctico apropiado puede ser tomar una decisión. O bien llevar a la práctica un plan desarrollado durante la conversación de coaching.

Hay tres condiciones que definen un paso práctico de modo que este ayude al joven a obtener mejores resultados:

- Debe ser lo suficientemente sencillo de hacer, pero lo suficientemente significativo como para dar impulso.

- Debe acercar gradualmente al joven a su objetivo.

- Debe poder realizarse antes de la siguiente conversación de coaching.

Veamos más de cerca estos tres elementos. Primero, un paso práctico debe ser descrito como una acción única e identificable, que sea lo suficientemente pequeña y simple como para poder llevarse a cabo, pero lo suficientemente importante como para darle al joven un impulso.

Si un paso práctico es demasiado grande, el joven puede perderse en la complejidad o desanimarse si los acontecimientos dan un giro inesperado cuando intenta ponerlo en práctica. Es mejor dividir un paso práctico en partes, o en pasos prácticos más pequeños. Un acercamiento gradual, usando pasos prácticos pequeños y relevantes, ayudará mejor al joven a perseguir su objetivo. Más adelante en este capítulo, mostraremos cómo ayudar al joven a dividir un paso práctico grande en varios pequeños.

Segundo, mucha gente quiere alcanzar un objetivo de coaching en un solo gran paso. Nuestro criterio respecto a los pasos prácticos es que hagan avanzar al joven hacia su objetivo, no que hagan que este sea alcanzado inmediatamente. El movimiento gradual hacia adelante le quita al joven la presión de tener que «hacerlo todo» en este momento. Este enfoque, en su lugar, fomenta un acercamiento cada vez mayor, con la sensación de que alcanzar un objetivo es un proceso que implica tiempo. Cada paso adelante es una pequeña victoria que anima al joven a conseguir la siguiente. Por tanto, no debemos preguntar: «¿Qué vas a hacer esta semana para alcanzar tu objetivo?», porque esta pregunta puede despertar en el joven la falsa expectativa de que resultaría posible alcanzar su objetivo en esta semana con tan solo unos cuantos pasos prácticos. Unos objetivos tan importantes como para que el coaching intervenga no pueden ser tan sencillos. Y alcanzar objetivos amplios y complejos exige tiempo y esfuerzo. Una pregunta mejor sería: «¿Qué harás esta semana para avanzar?»

Finalmente, es mejor que cada paso práctico se lleve a cabo antes de la siguiente conversación de coaching. La naturaleza continuada del coaching repite el ciclo de acción-reflexión. El joven reflexiona y crea nuevos pasos prácticos, para luego implementarlos. Durante la siguiente conversación de coaching, el joven revisa los pasos prácticos anteriores y crea un nuevo plan de acción. El ciclo de acción-reflexión forma parte del propio proceso de coaching. Por eso, es importante que el joven actúe entre una conversación de coaching y la otra. Si lo hace, se asegurará de aprender algo de dicha acción, para luego poder reflexionar sobre ello.

Generar múltiples opciones

A medida que la conversación de coaching progresa a través de la fase de ampliar y entra en la de concretar, es trabajo del coach ayudar al joven a descubrir múltiples opciones que lo acerquen a su objetivo de coaching. En general, cuando una persona percibe algo nuevo sobre su situación, también sabe lo que le toca hacer. Sin embargo, es fácil quedarse en una sola idea. O a veces ocurre lo contrario, y la persona sigue buscando una «respuesta mágica» que le resuelva todos los problemas.

Pensemos en la situación que tuvo que afrontar Lucio, un pastor de jóvenes. Él había sido recientemente nombrado pastor juvenil de una congregación de tamaño medio, en Perú. Al principio, como suele suceder, todas las cosas marchaban. Pero al cabo de unos pocos meses comenzaron a salir a la superficie problemas de fondo que él desconocía. Su grupo estaba enfrentado y dividido, la salida del anterior pastor de jóvenes había sido traumática y conflictiva, y había entre sus jóvenes un buen grupo que todavía apoyaba al pastor anterior y estaba dispuesto a hacerle la vida y el ministerio bien difíciles a quien intentara remplazarlo. Con angustia, Lucio comprobó que esa situación también se reflejaba en la actitud de los padres. Lucio entendió que tenía que afrontar una situación muy difícil y, sobre todo, muy compleja.

Al poner sobre la mesa todos los factores y explorar las distintas perspectivas y opciones durante la fase de ampliar, él vio las cosas más claras, pero también entendió mejor la complejidad de la situación. Por eso esta claridad, lejos de ser un alivio, agudizó su frustración. Lo que Lucio quería era encontrar «la respuesta» que lo arreglara todo. Quería algo que pudiera hacer ya para tomar el control de su ministerio juvenil y comenzar a avanzar. Pero la complejidad de la situación desplegaba una serie de posibles soluciones, cada una con sus puntos fuertes y débiles, que exigirían mucho tiempo y esfuerzo. Lucio, como tal vez nos hubiera pasado a cualquiera de nosotros, no hacía más que preguntarse: «¿Cuál es la respuesta correcta?»

En este mundo cada vez más complejo y con unos cambios tan rápidos, lo tentador es pensar de manera simplista. Cuando hay un problema, buscamos *la respuesta correcta*. ¿Y quién no quiere tener la respuesta correcta? Sin embargo, lo difícil de este enfoque es que es a todo o nada. Parte de la base de que solo hay una respuesta correcta, y todas las demás están equivocadas. Lo cierto es que en la vida no hay casi nada que funcione así. La respuesta a muchos de los problemas en esta vida es más bien «depende...»

«No hay nada más peligroso que una idea cuando es la única que tienes.»
—Emilè Chartier, filósofo francés

Para casi todos los desafíos de la vida suele haber más de una respuesta. En cada situación intervienen muchas variables que producen respuestas distintas e incluso a veces, contrapuestas. La función del coach es ampliar la perspectiva del joven para que pueda reconocer más de estas variables, descubrir qué caminos alternativos hay, y ver más opciones.

Si bien es raro que haya *una sola* respuesta correcta, sí puede haber *muchas* respuestas correctas.[17] Nota bien la «s» al final de la palabra «respuestas». En nuestra búsqueda de *la* respuesta correcta, podemos omitir otras respuestas que corresponden a distintas perspectivas, que sopesan las variables de modo distinto y que son aptas para distintas personalidades y potencialidades.

Generar múltiples opciones nos permite encontrar la mejor vía de avance. La segunda o tercera opción que se nos ocurre puede resultar ser la mejor o la «correcta». Si tenemos múltiples opciones, podemos evaluarlas y compararlas. También podemos combinarlas para crear una solución más integral, o podemos adaptarlas para reducir riesgos y mitigar posibles consecuencias negativas.

Para generar múltiples opciones, hay que formular las preguntas en plural. Pedir opciones en lugar de una opción, respuestas en lugar de una respuesta e ideas en lugar de una idea...

¿Qué ideas tienes?

¿De qué otras maneras se podría tratar este problema?

Dime un par de ideas locas que te hayan pasado por la cabeza.

¿De qué tres maneras distintas se podría abordar esta cuestión?

Las opciones no son más que eso: opciones. No debemos confundir las opciones con el proponerse hacer algo. Hay una gran diferencia entre «Podría hacer X, Y o Z» y «Voy a hacer X». Cuando hablamos de opciones, usamos términos como: podría, sería, probablemente, quizás, etc. Luego debemos pasar de generar opciones al compromiso firme de realizar alguna de ellas, preguntando:

¿Por cuál de estas opciones vas a optar?

¿Qué vas a proponerte realizar antes de nuestra próxima conversación de coaching?

El poder de las pequeñas victorias

Ya conocen el viejo chiste: «¿Cómo puedes comerte un elefante? De bocado en bocado». Por muy obvio que parezca que la única forma de comer un enorme elefante es de a pequeños bocados, las personas seguimos buscando la manera de alcanzar nuestros grandes objetivos en un par de bocados grandes. Sin embargo, la estrategia del «gran bocado» no suele funcionar. Si, en cambio, creamos pequeños pasos prácticos sobre los que vamos construyendo los siguientes, lo más seguro es que alcancemos nuestro objetivo en el menor tiempo posible.

Veamos por qué es bueno dar pequeños pasos, y luego aprenderemos cómo dividir cualquier paso práctico en varios pequeños pasos, más asequibles.

Cada paso práctico que se consigue alcanzar es una victoria, por pequeño que sea. Los resultados de cada pequeña victoria se van sumando para componer resultados mayores y, en definitiva, para conseguir que el joven alcance su objetivo. John Kotter, en su libro *Leading Change*[18], escribe que las pequeñas victorias son cruciales para la consecución de un objetivo mayor. Él hace una lista de diversos beneficios que convierten a las pequeñas victorias en ventajosas.

Kotter escribe que las pequeñas victorias:

- *Demuestran que vale la pena sacrificarse:* Las victorias ayudan mucho a justificar los costos a corto plazo.

- *Recompensan a la persona con una palmadita en la espalda:* Después de haber trabajado duro, la retroalimentación positiva motiva a la persona y le sube la moral.

- *Ayudan a afinar la visión y la estrategia:* Las pequeñas victorias dan a la persona datos concretos sobre la viabilidad de sus ideas.

- *Mantienen implicados a los demás:* Dan a los demás evidencias de que la persona está en camino hacia su objetivo.

- *Dan impulso:* Al ver un avance hacia el objetivo, los demás se sienten animados a ayudar.

Cada paso práctico se puede dividir

Un error común al formular los pasos prácticos es que sean demasiado grandes o complejos. Para sacar partido del poder de las pequeñas victorias, es mucho mejor elaborar muchos pasos prácticos más pequeños. Es tarea del coach ayudar al joven a dividir un paso práctico grande en otros más pequeños y manejables. De esta manera, el joven podrá sacar provecho del poder motivador de las pequeñas victorias a medida que trabaja en sus pasos prácticos.

Veamos una manera eficaz de fraccionar los pasos prácticos. Cada paso práctico, de hecho, está formado por una serie de pasos prácticos más pequeños: pensamientos, decisiones y acciones. Vamos a ilustrarlo con un ejemplo cotidiano. Imaginemos que nuestro paso práctico es: «Salir a la calle dentro de 10 minutos». ¿Suficientemente sencillo? La mayoría de la gente consideraría que salir a la calle dentro de 10 minutos es un paso práctico sencillo. Pero se trata de una tarea formada por toda una serie de pequeños pasos. Además debemos tener en cuenta que, mientras escribe esto, Keith está sentado en un despacho en el onceavo piso de la Biblioteca Nacional de Singapur. [19] Es decir que, para «salir a la calle dentro de 10 minutos», él tendrá que:

1. Mover la silla hacia atrás

2. Levantarse

3. Cerrar y guardar su ordenador

4. Atravesar la biblioteca

5. Girar varias veces por los pasillos llenos de estanterías

6. Abrir la primera serie de puertas

7. Dejar que el guardia de seguridad inspeccione su maletín

8. Caminar hasta el ascensor

9. Apretar el botón

10. Esperar el ascensor

11. Subir al ascensor

12. Apretar el botón de la planta baja

13. Salir del ascensor

14. Atravesar el vestíbulo

15. Abrir la puerta

16. Salir del edificio

Para la mayoría de la gente, «salir a la calle dentro de 10 minutos» es un solo paso práctico. Sin embargo la realidad es que, al menos en este caso, está formado por 16 pequeños pasos prácticos.

Lo importante es que los pasos prácticos tengan un tamaño tal que se puedan realizar antes de la siguiente conversación de coaching. Todo paso práctico puede ser fragmentado en otros pasos más pequeños en la medida en que sea necesario.

Divide y vencerás

Si consideramos algunos pasos prácticos cotidianos, veremos de qué nos puede servir dividirlos en otros más pequeños. Por ejemplo, veamos los siguientes:

1. Preparar la reunión de líderes de grupos pequeños de esta semana.

2. Planificar el campamento de verano.

3. Preparar el estudio bíblico del próximo sábado.

Supongamos que el líder juvenil sale de la conversación de coaching con estos tres pasos prácticos. Estamos dando por sentado que él es capaz de organizar y realizar estas tres tareas por sí solo. Sin embargo, si ha necesitado del coaching para *elaborar* estos tres pasos prácticos, es probable que al intentar *realizarlos* se encuentre con que no tiene muy claro cómo hacerlo. Esta falta de claridad puede impedirle avanzar, o incluso desanimarlo en el proceso de intentarlo.

Si lo analizamos mejor, cada uno de estos pasos prácticos está formado por otros pasos prácticos más pequeños. Dependiendo de la motivación del líder, su capacidad y el tiempo de qué disponga, quizás sea mejor presentar cada paso práctico como muchos pasos prácticos pequeños en lugar de como unos pocos pasos grandes. Una vez dividido, puede quedar claro que la persona no va a poderlo hacer todo antes de la próxima conversación de coaching. Entonces es mejor separar los pasos en el tiempo.

¿Cómo podemos saber si un paso práctico es demasiado grande? Preguntémosle a la persona cómo lo va a realizar. Si duda, o dice que no lo sabe, entonces hay que ayudarle a pensar cómo va a realizarlo. La persona con la que estamos trabajando tiene que salir de la reunión con un plan detallado, y con tres o cuatro mini pasos prácticos por cada paso práctico grande. Cada vez que el joven consiga dar un mini paso, se verá motivado a seguir adelante. ¡Ahí reside el poder de las pequeñas victorias!

Continuemos con el ejemplo y veamos cómo podrían dividirse los pasos prácticos en pasos más pequeños:

1. Preparar la reunión de líderes de grupos pequeños de esta semana.
   a. Convocar a las personas involucradas
   b. Determinar el objetivo de la reunión
   c. Determinar los contenidos que se necesitan para conseguir el objetivo
   d. d. Dirigir la reunión

2. Planificar el campamento de verano.
   a. Determinar el objetivo del campamento: ¿qué queremos lograr?
   b. Determinar el programa que nos ayudará a conseguirlo
   c. Hacer una lista de todas las tareas necesarias para llevar a cabo el programa
   d. Hacer una lista de todos los recursos necesarios para llevar a cabo el programa

e. Delegar responsabilidades

f. Llevar a cabo el campamento

3. Preparar el estudio bíblico del próximo sábado.

a. Decidir el tema o el texto de la Biblia

b. Investigar

c. Orar

d. Escribir

e. Practicar la exposición

Combinemos el poder de las pequeñas victorias con la estrategia de divide y vencerás para dar a la persona mayores oportunidades de progreso. Ambas estrategias se valen de fuerzas naturales para propulsar al joven hacia su objetivo.

Ejercer el coaching con los pasos prácticos

En la etapa de diseñar pasos prácticos, el coaching se vale de las mismas técnicas de hacer preguntas que en la fase de ampliar. Hay que plantear preguntas de aclaración y explorar cómo piensa el joven realizar el paso práctico. Si no estamos seguros de que tenga claro cómo hacerlo, entonces hay que pedirle que nos cuente exactamente lo que va a hacer para completarlo. Podemos intervenir en puntos concretos, conectando ideas o percepciones que hayan surgido antes en la conversación.

«Hazlo o no lo hagas, pero no lo intentes.»

—Yoda

Tras una conversación con Blas sobre lo desbordado que estaba de correo electrónico, él se comprometió a dar el siguiente paso práctico: «Intentaré controlar los correos electrónicos». Podría afirmarse ya desde un comienzo que la vaguedad de este paso práctico condenará a Blas al fracaso. Si Blas se va con un paso práctico formulado de ese modo, lo más seguro es que aparezca en la próxima conversación de coaching habiendo avanzado poco o nada. Con un poco más de diálogo, Blas puede afinar el paso práctico y hacer que sea más asequible.

Coach: «Pues, ¿qué te gustaría hacer esta semana para avanzar?»

Blas: «Intentaré controlar los correos electrónicos.»

Coach: «¿Qué quieres decir por "controlar"?»

Blas: «No pienso responder ni un correo durante todo el día. Así podré hacer mi otro trabajo sin la constante distracción de los correos.»

Coach: «¿Y cómo piensas hacer esto?»

Blas: «Podría desactivar la recogida automática de correo. Así no escucharía entrar los mensajes, y no me distraería.»

Coach: «Perfecto. ¿Qué más?»

Blas: «No estoy seguro...»

Coach: «Antes [durante la fase de ampliar] tuviste la idea de dedicar un horario concreto a responder tu correspondencia electrónica.»

Blas: «Es verdad. Podría probarlo.»

Coach: «¿Cómo se podría organizar esto?»

Blas: «Bueno, podría chequear mi correo cada día al llegar al trabajo, después del almuerzo, y justo antes de marcharme a casa.»

Coach: «Hazte una imagen mental de ti mismo recogiendo los correos solamente tres veces al día, y sin la recogida automática. ¿Cómo lo ves?»

Blas: «¡Veo a la gente llamando por teléfono a las 11 de la mañana porque no he contestado el correo que me acaban de enviar a las 10:50!»

Coach: (riendo) «Así que ya no te molestará el sonido de la entrada de los correos, pero te molestará el timbre del teléfono...»

Blas: «Cierto. Quizás pueda darle a conocer a la gente el horario en que voy a estar respondiendo correos.»

Coach: «Buena idea. Entonces, ¿qué pasos prácticos propones?»

Blas: «Desactivaré la entrada automática de correo, responderé solamente a las 9 a.m., a la 1 p.m. y a las 4 p.m., e informaré a la gente de este horario.»

Coach: «¿Lo ves como algo "alcanzable"?»

Blas: «¡Mucho! ¡Y creo que me será muy útil!»

MARTE

El diálogo entre Blas y su coach ilustra la manera de crear pasos prácticos que propusimos antes. Un buen paso práctico es como una mini declaración de visión que describe el futuro deseado. Unos pasos prácticos bien formulados pueden motivar al joven y sentar las bases sobre las que se podrá evaluar el aprendizaje, el crecimiento y el rendimiento. Cuando creamos pasos prácticos debemos procurar que sean acertados, es decir: [20]

Medibles – Su consecución se puede observar o medir.

Alcanzables – Asequibles y desafiantes a la vez, pero posibles.

Relevantes – Que tengan sentido para el joven.

Temporales – A realizar en un espacio determinado de tiempo.

Específicos – Sumamente específicos. Claros y sin ambigüedades.

Aquí tienes algunos ejemplos de preguntas que se pueden usar para que los pasos prácticos sean más acertados...

Medibles

Los pasos prácticos se deben poder observar y medir. Con pasos prácticos concretos al joven le resulta más fácil saber lo que tiene que hacer y poder reconocer cuando ha terminado su tarea. Tener pasos prácticos medibles ayuda a evaluar el progreso de manera más objetiva.

¿Cómo sabrás cuando has realizado el paso práctico?

¿Cómo puedes medirlo u observarlo?

Alcanzables y desafiantes a la vez

Algunas personas aspiran a demasiado, y otras a demasiado poco. Debemos ayudar a ambos a formular pasos prácticos alcanzables pero que impliquen cierto esfuerzo. Desafiemos a cada uno de manera apropiada para que vaya más allá de sus aptitudes actuales y pruebe nuevas maneras de pensar y actuar.

¿En qué sentido te resulta desafiante este paso práctico?

¿Qué paso práctico te hará avanzar, no tan solo un poco, sino que te elevará a otro nivel?

Relevantes

Los pasos prácticos pueden ser específicos, medibles y alcanzables pero no tener ningún tipo de relevancia para los objetivos del joven. Que sean relevantes quiere decir que tengan sentido para la persona y le acerquen a su objetivo final. Los pasos prácticos relevantes constituyen un suave toque a la motivación interna del joven.

¿Hasta qué punto es este paso práctico significativo o importante para ti?

¿Qué relación tiene con tu objetivo?

Temporales

Los pasos prácticos deben tener fecha límite. Tener un límite de tiempo aumenta la probabilidad de que se realice el paso práctico. Las fechas tope también deben ser alcanzables y desafiantes a la vez. Si hay poco tiempo, el joven se ve forzado a pensar en nuevas maneras de cumplir con la fecha límite. Recordemos que el propio proceso de coaching ya plantea cierto límite de tiempo, dado que la mayoría de los pasos prácticos deben ser realizados antes de la siguiente conversación de coaching.

¿Qué fecha límite tienes para hacer esto?

¿Por qué entonces, y no dos semanas antes?

Específicos

Lo mejor es escribir los pasos prácticos de forma clara y sin ambigüedades. El paso práctico es una descripción de un resultado deseado. Hay que pasar de las ideas a las acciones específicas, de lo general y conceptual a los planes detallados y concretos. Para que un paso práctico consiga ser específico se requiere un proceso de diálogo y toda una serie de preguntas.

¿De qué se trataría esto en concreto?

Descríbeme el resultado de este paso práctico como si ya hubiera ocurrido.

Convertir los pasos prácticos intangibles en tangibles

En determinadas situaciones cuesta pensar pasos prácticos sean específicos y medibles. Puede ser difícil pensar en pasos prácticos tangibles para asuntos que tienen que ver con los sentimientos, las actitudes, las emociones, el carácter, el temperamento y la espiritualidad. Es difícil ver, tocar, probar, oler o escuchar algo que se encuentra en el terreno de las emociones y el carácter.

El convertir los pasos prácticos intangibles en tangibles es un proceso que conlleva identificar cosas tangibles tras un objetivo intangible, y convertirlas en pasos prácticos.

A veces intuimos el cambio. Por ejemplo, una mujer tiene la sensación de que su marido ya no la quiere tanto como antes. Su percepción puede estar basada en una serie de aspectos intangibles que, individualmente, pueden no decir mucho (la atención que le presta cuando están juntos, su tono de voz, la cantidad de llamadas, los regalos, o las veces que le dice «te quiero»). Sin embargo, todas juntas, estas pequeñas acciones (o la falta de ellas) le hacen llegar a la conclusión de que su marido ya no siente lo mismo por ella. Las acciones tangibles suelen revelar los sentimientos intangibles.

Enlazar un paso práctico intangible con una conducta tangible hace que sea más específico y medible, y consiguientemente más alcanzable. Preguntemos por las actitudes y conductas que hay detrás de los cambios. Preguntemos cómo vamos a poder observar dichos cambios cuando se produzcan. Preguntemos qué aspecto tendrían esos cambios. Aquí tienes un par de ejemplos:

Ejemplo #1

Paso práctico intangible: «Ser más espiritual.»

Preguntas del coach:

¿Cómo se vería reflejado en tu conducta el que fueras «más espiritual»?

¿A qué te refieres exactamente con «más espiritual»?

¿Qué pasaría en tu interior si fueras «más espiritual»?

Paso práctico tangible: «Dedicar quince minutos diarios a leer la Biblia y hablar con Dios».

Ejemplo #2

Paso práctico intangible: «Tener mejor carácter».

Preguntas del coach:

¿Qué resultados específicos verías si tuvieras «mejor carácter»?

¿Qué sería diferente en ti si tuvieras «mejor carácter»?

¿Cómo podrían observar los demás que tienes «mejor carácter»?

Paso práctico tangible: «Todas mis respuestas hacia otras personas estarán caracterizadas por un lenguaje correcto y no agresivo».

Para ilustrarlo un poco más, veamos una conversación de coaching que justo está entrando en la fase de concretar. «Oraré por ello» es un paso práctico intangible muy común, y al que muchos cristianos quieren comprometerse. Veamos, pues, cómo conseguir que este paso práctico intangible se convierta en algo más tangible.

Coach: «¿Qué te gustaría hacer para avanzar?»

Silvia: «Voy a orar por el tema.»

Coach: «OK. ¿Y cómo lo harás? ¿Cada mañana, en un momento especial o cómo?»

Silvia: «Me gustaría tomarme medio día para realmente poder escuchar al Señor.»

Coach: «¿Dónde lo harás?»

Silvia: «Otras veces he ido a un centro de retiros que hay cerca de casa; normalmente por la mañana... Conozco a la gente que lo administra y en otras ocasiones me han dejado utilizar gratuitamente una de las salas.»

Coach: «Genial. ¿Y cuando estés allí, qué harás?»

Silvia: «Suelo pasar un tiempo leyendo los Salmos para centrar la mente en el Señor. Después me tomó un tiempo simplemente de silencio; a veces una hora o algo así. Luego suele empezar una conversación, y "hablamos del tema" con el Señor. Suelo escribir todo en mi diario.»

Coach: «Suena bien. Así que, esto es lo que te gustaría hacer, ¿verdad?»

Silvia: «¡Sí!»

Ahora que ya tenemos un paso práctico específico y medible, lo tentador es dejar la conversación allí. Pero leamos el resto y fijémonos cómo se manifiesta en la conversación el límite temporal necesario para que el paso se lleve a cabo y resulte útil y acertado.

Coach: «¿Cuándo lo harás?»

Silvia: «Buena pregunta... (Saca la agenda) ¡Las dos próximas semanas estoy a tope!»

Coach: (espera)

Silvia: «Bueno, podría hacerlo de aquí a tres semanas.»

Coach: «¿Cubriría eso tus necesidades?»

Silvia: «No. (Suspira...) ¡Odio tener que programar la oración!»

Coach: «Entonces, ¿qué opciones ves?»

Silvia: «Supongo que debería olvidarme de dedicar toda una mañana a la oración. Pero me cuesta cierto tiempo poderme concentrar, por eso no quiero abandonar la idea.»

Coach: «Comprendo el esfuerzo que haces por aferrarte a un proceso que en el pasado te ha funcionado... Mirando tu agenda de la semana que viene, ¿no hay nada que se pudiera cambiar para poder hacerlo?»

Silvia: «Lo mejor sería el martes, si consigo cambiar un par de citas.»

Coach: «¿Es eso factible?»

Silvia: «Sí, es fácil. Lo único es que odio tener que programarlas de nuevo.»

Coach: «Entonces, ¿qué harás?»

Silvia: «Las cambiaré. Esto es demasiado importante.»

Coach: «¿Y cuáles serán los pasos prácticos a seguir?»

Silvia: «Cambiar las citas, y luego el martes por la mañana ir al centro de retiros a orar y escribir sobre el tema.»

Coach: «¿Qué ayuda necesitas para hacerlo?»

Silvia: «Ninguna, podré hacerlo sin problema.»

Coach: «OK. Me encantará conocer los resultados.»

Crear pasos prácticos desde distintos ángulos

La práctica habitual es que la persona con la que trabajamos se vaya de cada sesión de coaching habiendo identificado algunos pasos prácticos a seguir. Pidamos que sean dos o tres pasos prácticos por cada tema. Si hay uno que no puede terminar o que no le ayuda, quizás alguno de los otros pueda cubrir su necesidad.

Hagamos las preguntas desde distintos ángulos (relacional, espiritual, organizativo, etc...) para ayudar al joven a crear un plan de acción integral. A menudo los ángulos que hemos explorado juntos durante la fase de ampliar generarán ideas de pasos prácticos que tendrán en cuenta dichas perspectivas. Utilicemos el mismo proceso que en la fase de concienciación, pero preguntando acerca de las acciones.

¿Cómo podrías trabajar este tema desde el punto de vista de las relaciones?

Antes mencionabas la dimensión organizativa de este tema. ¿Qué harías desde esta perspectiva?

Ejemplos de pasos prácticos

Las siguientes series de pasos prácticos son producto de distintas conversaciones de coaching. No se fija un tiempo porque se espera que se lleven a cabo antes de la siguiente conversación de coaching.

Observemos que cada paso práctico aborda el tema desde un ángulo distinto. En el primer ejemplo, los pasos prácticos responden a los ángulos intelectual, relacional y espiritual. Cada acercamiento producirá un resultado distinto, y por eso son importantes los distintos ángulos.

No todos los pasos prácticos que propone la persona son del todo acertados. Ayudar a que un paso sea lo más acertado posible, como para que la persona lo pueda llevar a cabo, sin ser nosotros condescendientes ni irritantes, es todo un arte. Ayudemos al joven a trabajar sobre sus pasos prácticos hasta que se sienta seguro de su plan de acción. Ambos veremos si los pasos eran lo suficientemente acertados (MARTE) cuando hagamos el seguimiento en la siguiente conversación de coaching.

Ejemplo 1

Resultado de la conversación de coaching de hoy: «Elaborar un plan para desarrollar una pastoral juvenil integral en mi iglesia.»

Pasos prácticos decididos en la conversación de coaching de hoy:

- Leeré el libro de Ortiz, Gulick y Muniello «*Raíces, la pastoral juvenil en profundidad.*»

- Tendré una reunión personal con cada uno de los líderes de grupos pequeños, para conocer su apreciación de la situación actual del ministerio.

- Dedicaré el martes por la mañana a orar y escribir sobre los siguientes pasos que debe dar nuestro equipo.

Ejemplo 2

Resultado de la conversación de coaching de hoy: «¿Necesito más formación en pastoral juvenil?»

Pasos prácticos decididos en la conversación de coaching de hoy:

■ Haré una lista de todas las carencias y necesidades que siento que tengo en mi ministerio como líder juvenil.

■ Buscaré por internet programas, recursos, cursos, materiales, etc. que me ayuden a trabajar esas carencias y necesidades.

■ Preguntaré personalmente a tres pastores juveniles de mi ciudad que han acabado sus estudios recientemente, cuáles serían sus sugerencias y orientaciones para mí.

Ejemplo 3

Resultado de la conversación de coaching de hoy: «Quiero sentirme en forma y con energías.»

Pasos prácticos decididos en la conversación de coaching de hoy:

■ Iré al gimnasio a hacer 90 minutos de ejercicio los lunes, miércoles y viernes por la mañana.

■ Comeré una ensalada al mediodía, todos los días laborables.

■ Revisaré mi «lista de estrés» [21] cada mañana, y oraré por los ítems con puntuaciones más altas.

El coaching de los pasos prácticos

Las diversas técnicas del coaching se pueden combinar con la necesidad de fijar pasos prácticos en un diálogo de tres partes. Los coaches debemos ayudar a las personas a pensar qué acciones pueden ser útiles para moverse hacia el objetivo, qué harán, cómo lo harán y cuándo. Planificar todo esto antes de lanzarse a llevar adelante los pasos prácticos ofrece una mayor probabilidad de obtener resultados positivos.

1. Pedir pasos prácticos

Dependiendo de cómo vaya la conversación, primero podemos pedirle a la persona varias opciones, o pasar directamente a que se proponga pasos prácticos concretos:

¿Qué acción emprenderás para avanzar?

¿Qué más te gustaría hacer?

Recordemos pensar el tema desde diversos ángulos. Por ejemplo:

¿Quién te podría ayudar?

Antes has mencionado a X, ¿te gustaría pedirle ayuda a él?

¿Qué harías desde el punto de vista espiritual?

2. Hacer que los pasos prácticos sean más acertados

Debemos ayudar al joven a que los pasos prácticos tengan los ingredientes del acróstico MARTE. Esto incluye dividir los que son demasiado grandes en varios pequeños, para así aprovechar el poder de las pequeñas victorias.

3. Confirmar los pasos prácticos

Debemos confirmar los pasos prácticos y asegurarnos de que ambos, coach y joven, los hemos escrito. Esto facilita mucho el seguimiento en la próxima reunión.

¿Qué te parecen entonces estos pasos prácticos? [Leerlos en voz alta y ver si hay dudas.]

Solo para estar seguros de que hablamos de lo mismo, ¿cuáles son los pasos prácticos que llevarás a cabo esta semana?

Conclusión

El propósito de los pasos prácticos es ayudar al joven a aplicar bien las percepciones y descubrimientos de la conversación de coaching. Esas percepciones, sumadas a los pasos prácticos, producirán el progreso esperado por la persona.

Los pasos prácticos deben ser simples, acercar al joven a su objetivo, y poderse llevar a cabo antes de la siguiente conversación de coaching. Para empezar, debemos pedir múltiples opciones. Debemos ayudar al joven a generar cierto número de ideas, y luego a irlas descartando hasta comprometerse a emprender una acción concreta. Hay que dividir los pasos grandes y complejos en varios pasos pequeños, para sacarle partido de las pequeñas victorias. Con el acróstico MARTE ayudaremos al joven a elaborar planes concretos que le ayudarán a estar mejor preparado para cumplir sus pasos prácticos. Examinaremos los comportamientos, y convertiremos los pasos prácticos intangibles en tangibles. Y, para tener más opciones, buscaremos una variedad de pasos prácticos desde distintos ángulos.

La conversación de coaching concluye con una última cosa: los hitos. Sigue leyendo para ver cómo se puede crear una conclusión eficaz...

HITOS

La conversación de coaching ha llegado a su fase final. Dediquemos unos momentos para dar al joven la oportunidad de repasar lo que ha aprendido y de expresarlo resumidamente. Eso consolidará el aprendizaje en su mente y al mismo tiempo dará al coach una valiosa retroalimentación sobre los avances logrados durante la charla.

Que sea memorable

Ricardo, un pastor de jóvenes de El Salvador, estaba a punto de explotar. El grupo juvenil del que se había hecho cargo hacía tres años había crecido en número de forma constante. Ricardo vivía muy tensionado, esforzándose por mantener todas las actividades en marcha, cuidar de los líderes de su equipo, discipular, llevar a cabo consejerías, hablar con los padres de los jóvenes de su grupo y encargarse de la consolidación de los nuevos creyentes. Ricardo, además, era aún joven él mismo, y tenía tantos problemas espirituales y emocionales como los jóvenes a los que ministraba. Estaba realmente al borde del colapso.

Ricardo y su coach hablaron sobre la situación desde muchas perspectivas distintas, y encontraron distintas opciones para progresar. Luego de que Ricardo se decidiera por dos pasos prácticos, el coach terminó preguntando: «¿Qué te gustaría recordar de esta conversación?»

Ricardo lo miró y respondió pensativo: «Quiero recordar que no soy Superman. No soy el responsable de todo, y no puedo cubrir las necesidades de todo el mundo».

Fue uno de esos momentos geniales del coaching. Durante la conversación no se había mencionado para nada a Superman. Ricardo creó esta metáfora para resumir todo lo conversado. ¡Fue algo realmente memorable!

Al cabo de unos días, Ricardo colgó una foto suya en Facebook con una camiseta de Superman y una gran X tachando la S. A lo largo de los nueve meses siguientes continuó trabajando en este desafío, y su metáfora de «no soy Superman» solía salir a relucir durante las conversaciones de coaching.

Terminar fuerte

A nadie le gusta una conversación con una conclusión extraña y un final poco claro. A veces es difícil saber cuando hay que parar. Los hitos proporcionan un cierre a la conversación de coaching, y el resumen completa la conversación a modo de lazo, como en un paquete de regalo.

Los hitos también tienen un valor de aprendizaje tremendo. Los hitos dan al joven la oportunidad de simplificar la complejidad de una conversación que ha durado una hora o más, en unas cuantas frases. Consolidan su aprendizaje y le dan al coach una retroalimentación muy valiosa sobre lo que la persona ha considerado más importante durante la conversación de coaching.

Simplificar la complejidad

Preguntar al joven por los hitos lo anima a revisar una larga conversación y a resumir los puntos o lecciones más valiosas en tan solo unas frases. Al resumir, debe simplificar la complejidad de la conversación y escoger lo más importante o significativo para él.

Keith cuenta que antes de empezar a practicar esto de terminar las conversaciones de coaching con los hitos, escuchó como una persona con quien acababa de trabajar le contaba a otra sobre su conversación de coaching. Esta persona estaba entusiasmado y decía: «¡Me ha ayudado mucho!». Su colega le preguntó en qué. Él balbuceó: «Pues... en muchas cosas. Hemos hablado de todo. ¡Estoy muy animado!»

Sí, la conversación de coaching lo había animado, pero era incapaz de decir lo que había aprendido. Tras escuchar este vago resumen de la conversación de coaching, Keith se dio cuenta de que quizás esta persona se había perdido en la complejidad de la misma. Para poder resumir hay que tener un grado considerable de claridad. Como dijo Albert Einstein, «si no lo puedes explicar de manera sencilla, es que no lo has terminado de entender». Keith supo inmediatamente que esta persona no tenía claro lo que habían conseguido durante su conversación y que no había interiorizado el aprendizaje. Y, como coach, eso significaba que él no había hecho su trabajo del todo bien.

Resumir para edificar nuestro cerebro

El aprendizaje se refuerza por medio de un resumen conciso. ¿Qué es más fácil de recordar: tres párrafos de texto, o tres puntos? Un punto es un resumen conciso de algo que queda descrito más ampliamente en algún otro lugar. El resumen de una conversación de coaching es fácil de recordar y, por tanto, fácil de compartir con otros. Y compartirlo con otros es importante, ya que la repetición refuerza el aprendizaje.

Veamos un poco mejor cómo funciona esto. Nuestro cerebro se sigue desarrollando incluso durante la edad adulta, y tiene la capacidad de crecer y renovarse durante toda la vida. A esto se lo llama «neuroplasticidad» [22]. Cada vez que pensamos, hacemos o decimos algo, nuestro cerebro envía una señal por un camino neuronal. Cuántas más señales viajan por un camino en particular, más fuerte se hace ese camino. Literalmente *edificamos* nuestro cerebro por medio de la repetición. Esta es la base científica detrás de la creencia de que para crear un nuevo hábito hay que repetir la misma cosa 16 veces.

El problema es que los caminos neuronales, cuando son nuevos, aún son débiles. Y, lo que es peor, nuestro cerebro tiende a tomar caminos anteriores, que son más fuertes, aunque quizás no queramos que los tome. Exige cierto esfuerzo mental el forzar al cerebro a tomar un camino nuevo. Sin embargo, a medida que un camino se va reforzando, se torna más fácil recordar el nuevo aprendizaje y llevarlo a la práctica. Por todo esto, resumir lo aprendido y compartirlo con otros sirve para consolidar nuestro aprendizaje, renovando, a la vez, nuestro cerebro.

Averiguar qué es lo que valora el joven

Los hitos le sirven al coach como un «mini mecanismo de retroalimentación». Cuando el joven comparte qué fue para él lo más valioso de la conversación, el coach está recibiendo también una valiosa retroalimentación.

Félix cuanta la experiencia que tuvo con un pastor de jóvenes de un país centroamericano. Ellos estuvieron trabajando durante varias sesiones sobre cómo llevar a cabo un rediseño completo del ministerio juvenil. Su iglesia era grande, y el trabajo con los jóvenes era de alta complejidad. Aquel pastor quería adecuar el trabajo con jóvenes a las nuevas realidades sociales, atendiendo los retos que las mismas presentaban. El plan, que incluía su propio relevo en el liderazgo, estaba bien pensado, diseñado y preparado para ser puesto en práctica. Cuando al final de una de las sesiones le preguntó al pastor qué había sido para él lo más significativo de las conversaciones de coaching, Félix esperaba que hiciera mención al plan que habían desarrollado. Sin embargo, no fue así. Lo que este joven líder mencionó fue su satisfacción porque alguien le había dedicado tiempo para poder reflexionar y poner en orden sus ideas. Además, lo contrastó con la nula dedicación por parte del pastor principal y sus constantes dificultades para poder obtener un poco de su atención.

Esta breve información hablaba a los gritos de las necesidades más profundas de ese pastor juvenil. Félix tomó nota, y en las siguientes conversaciones se aseguró de darle todo el tiempo del mundo para expresar sus pensamientos, ideas y sueños. Al preguntar por el hito, salió a la luz su necesidad de ser escuchado y de que se le prestara atención.

Preguntemos, no digamos

Hemos escuchado muchas veces a nuevos coaches resumir el aprendizaje de la persona al final de la conversación de coaching. Además de resultar presuntuoso, no responde al sentido de los hitos. Se trata de que el otro haga el resumen, no el coach.

En realidad, podemos entender por qué lo hace el coach. Es un riesgo preguntar por los hitos. ¿Qué pasa si la persona dice que no ha aprendido nada, o que no ha tenido ninguna idea ni nada memorable? Esto puede resultar incómodo para ambos. Es mucho menos arriesgado decirle nosotros lo que pensamos que ha aprendido.

Pero el coaching se trata de sacar, no de poner. Nuestro trabajo es averiguar lo que él joven ha aprendido y valorado, no destacar lo que nosotros consideramos importante.

Cómo preguntar por los hitos

Hay muchas maneras de preguntar por los hitos, y cada pregunta puede obtener una respuesta un poco distinta. Lo importante es estimular el pensamiento y llegar a resumir lo que al joven le ha sido más útil o importante. También podemos mezclarlas de manera que no sean siempre las mismas en cada conversación de coaching. Algunos ejemplos de preguntas son:

¿Qué quisieras recordar de la conversación de hoy?

¿Eres consciente de algo nuevo?

¿Qué ha sido para ti lo más útil de nuestra conversación?

¿Qué te llevas hoy de nuestra conversación?

¿Qué te ha resultado lo más importante de nuestra conversación?

Los pensamientos de la persona deben ser claros si desea recordarlos. Quizás sea necesario indagar un poco para ayudarla a organizar las ideas y a plasmarlas en frases. Un breve diálogo con preguntas de aclaración puede ayudar a la persona a procesar sus hitos.

Coach: «¿Qué te ha resultado lo más importante de nuestra conversación de hoy?»

Luz: «El tema de las prioridades.»

Coach: «¿En qué sentido?»

Luz: «Me he dado cuenta de que digo que quiero hacer algo, pero luego en realidad dedico el tiempo a algo distinto.»

Coach: «Por favor, continúa...»

Luz: «Pues, quizás no sea tanto una cuestión de cómo uso el tiempo, sino de aclarar lo que quiero de verdad y tenerlo presente. Espero poder progresar esta semana.»

Coach: «¡Yo también espero que así sea!»

Poner la siguiente cita en la agenda

Algunos coaches y algunas personas son lo suficientemente organizados como para mantener conversaciones de coaching periódicas, por ejemplo, todos los martes a las 10:00. Las personas con las que trabajamos nosotros y quienes escribimos este libro, en general no lo somos. Los viajes, las reuniones, las actividades de los hijos... todo ello hace difícil predecir un horario fijo de aquí a un mes o dos. No hay problema con esto. Simplemente fijamos un día y hora para la siguiente conversación de coaching al final de cada una de ellas. Es mucho más fácil hacerlo en persona, en el momento, que luego por correo electrónico.

[Continuación de la conversación anterior...]

Coach: «Gracias por tu franqueza.»

Luz: «Gracias por su tiempo. Lo valoro mucho.»

Coach: «¿Por qué no quedamos ya para el próximo encuentro?»

Luz: «Claro.»

Coach: «¿Te viene bien el martes 10 a las 2 p.m.?»

Luz: «Sí, me viene bien.»

Coach: «Perfecto, pues quedamos así.»

Luz: «Gracias, cuídese.»

Coach: «Adiós.»

Hemos llegado al final de la conversación de coaching. La joven se irá y trabajará en los pasos prácticos que se ha fijado. Al cabo de una o dos semanas, el coach y la persona se volverán a encontrar y tendrán una nueva conversación de coaching.

SEGUIMIENTO

«La experiencia no es siempre el más cordial de los maestros, pero seguro que es el mejor.»

—*Proverbio español*

Al concluir la mayoría de las conversaciones de coaching, la persona se compromete a realizar una serie de pasos prácticos antes de la siguiente sesión. Lo ideal es que tenga dos o tres pasos prácticos que le ayuden a avanzar hacia su objetivo desde distintos ángulos.

En el capítulo sobre la fase de «Concretar» aprendimos cómo crear los pasos prácticos. Ahora bien, el seguimiento de los pasos prácticos es mejor hacerlo durante la fase de «Conectar» de la siguiente conversación de coaching.

Darles seguimiento a los pasos prácticos resulta crucial para todo el proceso de aprendizaje. Ese es el punto en que se completa el ciclo de acción-reflexión, y luego las siguientes conversaciones de coaching lo vuelven a repetir. La figura 3 ilustra cómo el joven realiza los pasos prácticos después de una conversación de coaching, y luego en la siguiente se les da seguimiento, y así sucesivamente.

El propósito del seguimiento es ver qué ha hecho el joven. Este proceso ayuda a reforzar los pensamientos y conductas positivas, genera aprendizajes e ideas, y permite al coach y al joven afrontar las dificultades que surjan en la creación de nuevos pasos.

Si el seguimiento de los pasos prácticos se convierte en un hábito, estaremos inculcándole al joven, de manera sutil, la costumbre rendir cuentas durante el proceso. Por otra parte, la motivación del joven por completar los pasos prácticos aumenta de manera natural al saber que el coach va a darles seguimiento.

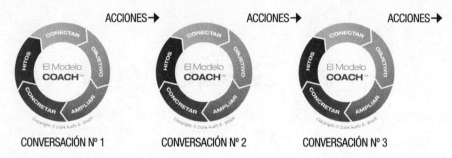

Figura 3: Conversaciones de coaching y ciclo de acción-reflexión

Un seguimiento seguro

El seguimiento de los pasos prácticos brinda a la persona la oportunidad de revisar sus acciones y los resultados de las mismas en un entorno seguro. Por «seguro» nos referimos a la seguridad emocional producida por la presencia del coach, quién no emite juicios. Las personas somos muy espabiladas cuando se trata de percibir si los demás nos están juzgando. Si percibimos que estamos siendo juzgados negativamente, nos ponemos a la defensiva y nos cerramos a seguir compartiendo.

Debemos tener cuidado de suavizar incluso los juicios positivos. El coaching se trata de concentrarnos en la persona (su agenda, sus esfuerzos, sus logros) y no en cómo *nosotros* evaluamos su progreso. No queremos comunicarle sin querer, que debe intentar complacernos a nosotros cumpliendo con los pasos prácticos. El joven debería realizar los pasos prácticos en su propio beneficio, no en el del coach.

No obstante, todo progreso debe verse reforzado para que el joven siga animado a continuar con sus acciones positivas. Seamos generosos con nuestro reconocimiento. La conducta del joven se verá más o menos reforzada dependiendo de las palabras que usemos para reconocer sus progresos. Palabras como «¡Muy bien hecho!», «Me gusta», «¡Genial!» no son más que palabras de ánimo, pero vacías de contenido si no están vinculadas a una actitud o conducta concreta. Es mejor emplear frases centradas en las acciones de la persona, como estas:

«Hay que reconocer que has hecho un esfuerzo tremendo.»

«¡Lo has conseguido! Has hecho justo lo que te habías propuesto.»

«Creo que has tenido mucho valor para hacer esto.»

El joven es totalmente responsable por sus pasos prácticos. Ayudarlo a seguirlos es una manera eficaz de fomentar dicha responsabilidad, y de motivarlo a conseguir más cosas.

La primera pregunta de seguimiento

Comparemos las tres preguntas de aquí abajo. ¿Por qué se caracteriza cada una? ¿Cuál te gusta más? ¿Por qué?

«¿Has hecho los pasos prácticos?»

«¿Cómo te ha ido con los pasos prácticos?»

«¿Qué progresos has hecho con los pasos prácticos?»

¿Has hecho los pasos prácticos?

Esta pregunta me recuerda a otra: «¿Has hecho los deberes?.» ¿Quién hace esta pregunta? Nuestra madre o un maestro; una figura de autoridad. Los coaches no son figuras de autoridad. Nuestro propósito con el seguimiento no es el de controlar a la persona, sino el de apoyarla en el aprendizaje y en sus progresos.

«¿Has hecho los pasos prácticos?» es una pregunta cerrada. Entre las posibles respuestas están «sí», «no» y «no del todo». Ninguna de estas respuestas motiva al joven a reflexionar.

Si no ha terminado todos los pasos prácticos, esta pregunta puede hacer que el joven se sienta culpable o avergonzado; o que se ponga a la defensiva y comience a dar excusas. Estas reacciones disminuirán su capacidad de reflexionar claramente y de aprender algo sobre el paso práctico que no lograron completar.

¿Cómo te ha ido con los pasos prácticos?

Esta pregunta se suele interpretar como una evaluación, al estilo de «¿Cómo evaluaría sus resultados?». La respuesta suele ser una valoración simplista, con una sola palabra, de un resultado posiblemente complejo. Un joven puede responder: «bien» o «¡genial!» o «fatal». Estas respuestas no conllevan mucha reflexión.

Keith explica que en el sudeste asiático, dónde vivió durante 20 años, si preguntas «¿Cómo te ha ido?», la mayoría de la gente enumerará una lista de los problemas encontrados y de las mejoras necesarias. Suelen centrarse más en la autocrítica que en «desarrollar las potencialidades innatas», que es el enfoque más común en Estados Unidos. [23] Aunque, por supuesto, algunas personas en Estados Unidos también pueden responder con la autocrítica.

El seguimiento de los pasos prácticos es más que corregir la ejecución de los mismos. La mayor desventaja de empezar con esta pregunta es que no aporta ningún refuerzo a lo trabajado. En Indonesia, Keith trabajó con un dirigente que era demasiado rápido para evaluarse a sí mismo y encontrar en qué necesitaba mejorar. Luego trabajaba diligentemente en esas áreas, pero pronto Keith empezó a notar que le iba mal en otras áreas en las que previamente le había ido bien. Entonces se dio cuenta de que al no reforzar aquellos comportamientos que habían resultado eficaces, la persona dejó de considerarlos importantes y, por lo tanto, de mantenerlos. Es importante reforzar todos los progresos para que la persona continúe con sus comportamientos positivos.

Sin duda resulta más útil evaluar la eficacia de los esfuerzos de las personas después de que hayan descrito sus acciones y resultados, como ilustra la siguiente pregunta.

¿Qué progresos has hecho con los pasos prácticos?

Esta pregunta, como una cebolla, tiene muchas capas. En la más externa, es bastante positiva. Se da por sentado que ha habido progresos, lo cual proyecta una creencia positiva en la capacidad de actuar del joven. Es como decir: «Creo en ti».

La palabra «progreso» no es una proposición del tipo «todo o nada», como sería «¿has realizado los pasos prácticos?». «Progreso» incluye y admite también los pasos prácticos que no se han terminado del todo.

La palabra «progreso» enfoca la conversación en una dirección positiva. Se centra en lo que ha ido bien, en lo que ha funcionado, y en el avance del joven. Le da a este la oportunidad de repasar y reforzar comportamientos e ideas que lo han llevado en la dirección correcta, y de consolidarlos en su vida. Este término no limita la conversación a la lista de los resultados positivos únicamente, sino que pinta cada resultado, sea cual sea, bajo una luz positiva y constructiva. Lo más importante es que la pregunta evita que la gente se ponga a la defensiva, y la mayoría de las personas valoran su positivismo constructivo.

El uso de la pregunta «¿Qué progresos has hecho con los pasos prácticos?» evitará que sonemos como autoritarios al hacer el seguimiento, y el miedo a ponerla en evidencia si la persona con la que trabajamos no pudo hacer los pasos prácticos o no le fue bien al intentar hacerlo.

¿Qué? Entonces, ¿qué? Ahora, ¿qué?

Ya tenemos lista la primera pregunta. Veamos cómo hacer un seguimiento centrándonos en el aprendizaje y motivando al joven a seguir avanzando.

Un modelo sencillo para dar seguimiento a los pasos prácticos es: «¿Qué?; Entonces, ¿qué?; Ahora, ¿qué?» [24] Este modelo nos permite explorar de manera natural lo que la persona ha hecho (o no ha hecho) y el resultado («¿Qué progreso has logrado?). A partir de allí, el modelo la anima a una reflexión más profunda, con el propósito de descubrir las lecciones que se pueden aprender de dichas acciones o resultados («Entonces, ¿qué has aprendido?»). Y finalmente el modelo termina por trasladar dicho aprendizaje a otras áreas de la vida del joven («Ahora, ¿qué puedes transferir a otras áreas de tu vida?»). Además, este modelo es fácil de recordar, ¡y eso cuenta mucho!

¿Qué?

Las preguntas ayudan a la persona a repasar y a reflexionar sobre lo que ha logrado (o no) con los pasos prácticos. La pregunta «¿Qué?» está diseñada para ayudar al joven a tomar conciencia de sus pensamientos, emociones y comportamientos antes y durante el paso práctico. Esto implica que debe escarbar más allá de la superficie, e identificar diversos aspectos de lo ocurrido. Por ejemplo, lo que hizo, lo que decidió no hacer, su proceso de pensamiento y las emociones que tenía mientras lo hacía.

Sorprendentemente, algunas personas no se dan cuenta de lo que han logrado ni de lo que esto significa. Puede que el joven no sea consciente del proceso de pensamiento que lo ha llevado a completar el paso práctico.

Naturalmente, no todos los pasos prácticos exigen una reflexión tan profunda. El seguimiento de ciertos pasos prácticos es tan sencillo como preguntar por ellos y escuchar un breve resumen. Sin embargo, hay otros pasos prácticos que hay que explorar mejor para descubrir la sabiduría que esconden. Hay pasos prácticos que son algo nuevo, un desafío, o algo clave para que el joven alcance su objetivo, y para procesarlos se necesita más tiempo.

Por medio de las preguntas del coach, la persona puede adquirir más conciencia de lo que realmente ha ocurrido (sus acciones, conversaciones internas, emociones) y de los resultados obtenidos. Reflexionar de esta manera tan detallada le ayudará a descubrir lo aprendido.

Félix cuenta una situación que le sucedió con Bernardo, un joven profesional que recientemente se había unido a su iglesia y a quien él estaba discipulando. Bernardo, una persona bien formada académica y profesionalmente, tenía un cargo administrativo en una de las universidades privadas de Barcelona. Parte de su trabajo consistía en hacer, una vez al año, una presentación del trabajo de investigación que llevaban a cabo los diferentes departamentos de su universidad. Su primera presentación, la del año anterior, no había salido nada bien. Hablar en público no era su punto fuerte, y para colmo debía hacerlo en inglés. Con los nervios, y las ganas de no dejar nada en el tintero, había abrumado a todos los oyentes con una inmensa cantidad de datos, gráficos y estadísticas. Dicho de otro modo, había aburrido a todos los participantes.

Ahora se acercaba una nueva reunión anual, y Bernardo estaba muy nervioso pensando en que debía hacer su presentación. Algunos comentarios en tono de broma por parte de sus compañeros no lo ayudaban a sentirse más seguro ni más animado. Bernardo y Félix estuvieron trabajando en búsqueda de una manera distinta de hacer las cosas. Bernardo pensó varios pasos prácticos para preparar su presentación.

En la siguiente sesión de coaching, Félix hizo el seguimiento de sus progresos. En el diálogo, observemos cómo Félix se acercó al tema, cómo se sentía Bernardo, y qué ocurrió como resultado de realizar los pasos prácticos.

Coach: «¿Qué progresos has hecho con tus pasos prácticos?»

Bernardo: «Hice la presentación y me fue bien.»

Coach: «¡Genial! Veo que has trabajado mucho para superar las dificultades de la presentación anterior. ¿Qué hiciste distinto esta vez?»

Bernardo: «Me había preparado mejor.»

Coach: «¿Cómo te preparaste mejor?»

Bernardo: «Tenía mucho más claro el propósito de la charla, y los puntos eran más concretos. Descarté la mayor parte del texto de las diapositivas del PowerPoint, y en lugar de esto ilustré cada punto con fotografías. ¡A los otros delegados les encantó esta idea!»

Coach: «Grandioso. Así que te decidiste por un objetivo claro, concretaste los puntos principales, y elaboraste un PowerPoint creativo. Buen trabajo. ¿Y cómo te sentiste mientras hacías la presentación?»

Bernardo: «Seguía estando nervioso, pero sabía exactamente lo que iba a decir, y que no iba a hablar demasiado como la otra vez.»

Coach: «Aparte de los nervios, ¿qué otras emociones sentiste?»

Bernardo: «Bueno, estaba entusiasmado... También me sentía mucho más seguro. Y tenía la sensación de que todo iba a salir bien.»

Coach: «Para que no lo pasemos por alto, y como tu objetivo era sentirte más cómodo en las presentaciones con grupos numerosos, ¿qué es lo que te hizo sentir entusiasmado, seguro y optimista?»

Bernardo: «El tener un objetivo claro y unos puntos concretos. No me desbordaron los datos, ni estaba preocupado por si me iba a alcanzar el tiempo para tratar los 10 puntos que tenía.»

[Esta conversación continúa más adelante en el apartado de «Entonces, ¿qué?.»..]

Como hemos ilustrado, con la pregunta «¿Qué?» exploramos lo que la persona ha hecho o ha dejado de hacer, lo que ha pensado, cómo se ha sentido, y las repercusiones de todo ello. He aquí algunas preguntas clave para este momento:

Hacer: «¿Qué hiciste? ¿Qué no hiciste?»

Pensar: «¿En qué pensabas cuando lo hacías?»

Sentir: «¿Cómo te sentiste durante la experiencia?»

Repercusiones: «¿Qué repercusiones han tenido tus acciones?»

Entonces, ¿qué?

Una reflexión válida va más allá de relatar sencillamente lo que ha ocurrido, y trata de encontrarle sentido a la experiencia.

Preguntémosle a la persona por las implicaciones de ese paso práctico, no solo en el efecto surtido sino también en el proceso. Busquemos las conexiones lógicas entre los pensamientos, las emociones, las acciones y sus repercusiones. Los *efectos* son los resultados inmediatos directamente relacionados con el paso práctico; el *proceso* abarca también las nuevas ideas, comportamientos y experiencias que han contribuido a que se realice.

Preguntémosle a la persona qué conclusiones puede sacar de todo esto. Animémosla a resumir sus observaciones, percepciones y aprendizajes con el propósito de reforzarlos y de que sean más fáciles de recordar. Las percepciones y los descubrimientos suelen darse durante el proceso, y muchas veces las personas suelen pasar por alto esta parte.

Volvamos a Bernardo y su presentación:

[Continuación de la conversación anterior...]

Coach: «Entonces, ¿qué observaciones podrías hacer acerca de las buenas presentaciones y la manera de prepararlas?»

Bernardo: «Una cosa lleva a la otra. Una vez que tuve claro el propósito de la charla, me fue más fácil decidir en qué puntos centrarme. Pude ser más conciso y abstenerme de presentar una "avalancha de datos" como la de la vez anterior.»

Coach: «¿Cómo te prepararás para dar presentaciones en el futuro?»

Bernardo: «Pues, primero determinaré el propósito, luego revisaré la información, y finalmente elegiré los puntos principales. Y me ceñiré a ello sin tratar de querer decir todo sobre el tema.»

Coach: «Y, ¿cómo te hace sentir el solo hecho de pensar en preparar así la siguiente presentación?»

Bernardo: «*Mucho más seguro. ¡Ya no tengo pánico!*»

Algunas preguntas clave para este momento son:

¿Qué has aprendido? ¿Y que has reaprendido?

¿En qué te ha beneficiado esta experiencia?

¿Cómo te hace sentir lo ocurrido?

¿Qué implicaciones tendrá esta acción?

Ahora, ¿qué?

Llegado este momento, la persona tiene ya una imagen bastante clara de lo que ha hecho y del resultado de sus acciones. La experiencia también le ha aportado percepciones y lecciones nuevas. Ahora lo que queremos es reforzar este aprendizaje, haciéndolo extensible a otras áreas de su vida. La forma más sencilla de hacerlo es ayudándole a encontrar otras aplicaciones para esas nuevas percepciones y aprendizajes.

[Continuación de la conversación anterior...]

Coach: «Vayamos un poco más allá, si te parece bien. ¿Cómo podrías usar lo aprendido, el tener un propósito claro y centrarte en unos temas concretos, en otras áreas de tu trabajo?»

Bernardo: «*Bueno, la verdad es que nos vendría bien centrarnos más en las reuniones de equipo. Tratamos los temas sueltos, y cuando termina la reunión uno se queda con la sensación de que se ha tratado un listado de cosas que no tienen nada que ver la una con la otra.*»

Coach: «¿Cómo piensas que podrías preparar estas reuniones de otra manera?»

Bernardo: «*Pues, me imagino que igual que con la presentación. Tengo que decidir el propósito de la reunión. Si quiero informar, inspirar, equipar, o un poco de todo... Claramente, ese sería el primer paso.*»

Coach: «¿Te gustaría proponértelo como un paso práctico?»

Bernardo: «*Por supuesto. Pensaré en el propósito o propósitos de nuestra próxima reunión, y los pondré por escrito.*»

Coach: «Suena bien. (Pausa) ¿Te parece que pasemos a revisar los otros pasos prácticos?» [O, si este era el único o el último al que darle seguimiento, se le propone decidir el objetivo para lo que queda de sesión. «Ahora, durante el tiempo que nos queda de sesión, ¿sobre qué te gustaría trabajar?»]

Algunas preguntas para este momento:

¿Cómo podrías hacer extensible este aprendizaje a otras áreas de tu vida o de tu trabajo?

¿En qué otras áreas podrías aplicar lo aprendido?

¿De qué maneras nuevas harás las cosas en el futuro?

La historia de Bernardo es un buen ejemplo de seguimiento cuando los pasos prácticos se han realizado y han ido bien. Ahora veremos cómo realizar el seguimiento cuando no se han hecho los pasos prácticos, o, lo que es peor, cuando han ido mal...

Todos necesitamos un pequeño fracaso de cuando en cuando

«Fracaso» es una palabra cargada de emociones. Va siempre acompañada del desánimo. La palabra «fracaso», además, contiene cierta dosis de fin o completitud. Blanco o negro. Malo o bueno.

A mucha gente le da miedo el fracaso. Sin embargo, ciertos tipos de fracaso son, en realidad, buenos. Aquí expondremos dos razones por las que un pequeño fracaso de cuando en cuando nos hace más fuertes:

Primero, el fracaso nos obliga a echar mano de todo nuestro potencial. Algunas personas hacen lo que sea por no fracasar. A primera vista, esto es comprensible. Sin embargo, si uno se propone solamente lo que es factible, lo que es fácilmente realizable, se arriesga a quedarse plantado en la mediocridad. Un saltador de pértiga solo conoce su límite de salto después de hacer caer el listón una y otra vez. En el deporte, como en el trabajo, solo podemos alcanzar nuestro máximo potencial si forzamos los límites. Los objetivos deben constituir un desafío, y eso significa que debemos arriesgarnos al fracaso.

Segundo, el fracaso también puede conducirnos al aprendizaje. El mejor aprendizaje (o, por lo menos, el más memorable) suele venir luego de un fracaso. En los Estados Unidos, y en otros lugares del mundo también, funcionan las «empresas de capital riesgo». Estas empresas buscan emprendedores, personas que estén empezando, para financiar sus compañías. Un factor importante que el capital riesgo busca es precisamente el fracaso. ¿Ha fracasado este emprendedor? Si no lo ha hecho, muchas empresas de capital riesgo no querrán financiarlo. Las empresas de capital riesgo saben que todos los emprendedores fracasarán, y que de ese fracaso van a aprender mucho, ¡pero prefieren que hayan fracasado antes con el dinero de otro! [25]

> *«El éxito consiste en ir de fracaso en fracaso sin perder el entusiasmo.»*
> —*Winston Churchill*

El fracaso se da constantemente, en mayor o menor medida. Fracasar en un paso práctico debe ser considerado como una valiosa experiencia de aprendizaje. Si no se aprende nada, el error se va a volver a repetir... a menudo con consecuencias más graves. El seguimiento puede ayudar a las personas a aprender de lo que ha salido mal, y a descubrir y reforzar todo lo que ha salido bien.

Cómo dar seguimiento a los pasos prácticos fallidos o incompletos

Los jóvenes con los que trabajemos no siempre completarán del todo los pasos prácticos, y no pasa nada. A veces el paso no era lo suficientemente específico, o quizás el coach había impuesto su idea. También pueden haber cambiado las circunstancias del joven, o puede que haya aparecido una crisis u otras exigencias de la vida que lo hayan distraído. O simplemente puede ser que el joven haya fallado en el intento.

En coaching, el progreso se mide por lo que joven consigue *y también* por lo que aprende. Dar seguimiento a los pasos prácticos fallidos es dar la oportunidad al joven de estar más concienciado y de aprender, así como de corregir lo que haga falta para la consecución de sus objetivos.

El proceso de seguimiento de los pasos prácticos fallidos o incompletos es similar al patrón del «¿Qué?; Entonces, ¿qué?; Ahora ¿qué?». La clave al dar seguimiento a estos pasos prácticos es no apresurarse a corregir lo que no ha funcionado bien, sino tomarse el tiempo necesario para revisar el progreso que sí haya podido darse. Es importante descubrir y reforzar los progresos antes de diagnosticar y determinar lo que no ha funcionado.

Claramente, lo primero que hay que hacer es mostrar empatía con lo que puede haber sido un resultado decepcionante o desalentador para el joven. Y luego hay que ayudarlo a ver en qué ha progresado.

Los siguientes pasos son un esquema para ayudar al joven a procesar un paso práctico fallido o incompleto. No todas las situaciones exigirán este tipo de detalle, pero funciona en el caso de esos pasos prácticos importantes que no han salido como la persona esperaba.

1. Diseccionemos el paso práctico para identificar las partes que han ido bien y las que no. Busquemos lo que el joven ha hecho bien.

2. Reconozcamos todas las acciones, decisiones e ideas que hayan supuesto un avance. No dejemos que el desánimo impida a la persona ver las partes que sí han salido bien.

3. Capturemos el aprendizaje como se describe en el paso «Entonces ¿qué?»

4. Pidamos joven que identifique lo que no ha salido bien y que reflexione en las causas, así como en las alternativas. Centrémonos en lo que ha hecho o dejado de hacer, y busquemos los factores que quizás estaban fuera de su control.

5. Averigüemos si el paso práctico sigue siendo relevante y si, por lo tanto, hay que terminarlo.

6. Revisemos el plan de acción.

Diseccionar el paso práctico

Cada paso práctico de hecho está formado por un montón de pequeños pasos prácticos (pensamientos, decisiones y acciones). Volvamos a mirar el ejemplo de paso práctico del capítulo sobre Concretar, que consistía en «salir a la calle dentro de 10 minutos». Dijimos que la mayoría de gente tomaría el «salir a la calle dentro de 10 minutos» como un solo paso práctico. Sin embargo, como ya vimos, hacían falta 16 pequeños pasos prácticos para poder salir del piso 11 de la Biblioteca Nacional de Singapur. Los pasos que describimos fueron los siguientes:

1. Mover la silla hacia atrás

2. Levantarse

3. Cerrar y guardar su ordenador

4. Atravesar la biblioteca

5. Girar varias veces por los pasillos llenos de estanterías

6. Abrir la primera serie de puertas

7. Dejar que el guardia de seguridad inspeccione su maletín

8. Caminar hasta el ascensor

9. Apretar el botón

10. Esperar el ascensor

11. Subir al ascensor

12. Apretar el botón de la planta baja

13. Salir del ascensor

14. Atravesar el vestíbulo

15. Abrir la puerta

16. Salir del edificio

¡Hay que dar 16 pequeños pasos prácticos tan solo para salir del edificio! Ahora imaginemos que el ascensor se detiene ente dos pisos. La persona se queda atrapada y se le acaba el tiempo. No consigue salir a la calle en los 10 minutos que se había propuesto. Si el criterio de valoración es aprobar o fallar, todo o nada, entonces este paso práctico ha sido un fracaso, y el esfuerzo puesto en intentar cumplirlo ha sido una pérdida de tiempo. Si el criterio de valoración es, en cambio, que *cualquier avance hacia la meta* es bueno, entonces la persona ha conseguido mucho: logró cumplir 12 de los 16 mini pasos prácticos. Quizás el resultado final no sea el que esperaba, pero todos esos pequeños pasos lo han acercado al objetivo.

Reforzar estas pequeñas acciones le da a la persona un impulso muy fuerte. De otra manera, con el desencanto de no haber logrado el objetivo completo, puede acabar «tirando al bebé junto con el agua sucia», sin tener en cuenta sus avances. Cuando demos seguimiento a los pasos prácticos, no pasemos por alto los avances, ya seas en forma de pensamiento, decisión o acción. Reforcemos todos los comportamientos que representen un progreso, y generemos aprendizajes a partir de lo que ha funcionado y de lo que no.

Veamos el proceso de disección de un paso práctico. El diálogo siguiente ilustra el seguimiento por parte de un pastor juvenil a Daniel, uno de los jóvenes profesionales de su grupo, en su búsqueda de un trabajo nuevo. Daniel llega a la reunión de coaching desanimado, porque piensa que no ha conseguido nada durante la semana. Observemos atentamente cómo el pastor revisa los mini pasos y luego puede enumerar los progresos de este desanimado joven...

Pastor: «¿Qué progresos has hecho con el paso práctico?»

Daniel: «Esta semana no he hecho nada.»

Pastor: «¿Nada de nada?»

Daniel: «Nada»

Pastor: «Ibas a enviar tu currículum. ¿Cómo te fue con eso?»

Daniel: «Pues lo envié, a dos personas. Pero luego llamé y no podían recibirme hasta la semana entrante.»

Pastor: «A ver, un momento: ¿enviaste tu currículum a dos personas, y les pediste una entrevista? ¡Eso es increíble! Con lo difícil que te resultaba llamar... ¡Has hecho un gran trabajo!»

Daniel: «Bueno, supongo que algo es algo...»

Pastor: «¡Y esto fue bastante! Cuéntame, ¿qué más?»

Daniel: «Me pasé un par de horas en foros de búsqueda de trabajo online. Y también le pregunté a una amiga que trabaja en Microsoft, pero no había nada en su departamento.»

Pastor: «Tengo que reconocer que te has esforzado mucho a pesar de que algunos resultados fueron desalentadores.»

Daniel: «Gracias.»

Pastor: «Ya llevas un par de meses buscando trabajo. ¿Qué observaciones harías sobre el proceso de búsqueda de un trabajo?»

Pastor: Pienso que llamar por teléfono después de haber enviado el currículum es importante. Si me hubiera limitado a enviarlo, ni siquiera me hubieran llamado. También he visto que no me tengo que limitar al sector en que me estaba moviendo. Tengo que lanzar las redes más lejos.»

Pastor: «Creo que son observaciones muy útiles: buscar siempre el contacto personal y ampliar el ámbito de la búsqueda. [Pausa] Bien, y ¿a qué te gustaría dedicar el resto de nuestra conversación?»

[A partir de este momento, el coach y la persona deciden el objetivo del resto de la conversación de coaching.]

Vemos aquí como el coach sacó a relucir las acciones emprendidas por Daniel y lo felicitó por ellas. Daniel no había obtenido todavía el resultado que esperaba, pero los pasos que había dado, con el tiempo, le permitirían encontrar el trabajo que estaba buscando. Aquí hay algunos ejemplos para encomiar de forma genuina los esfuerzos realizados por una persona, aunque no haya conseguido lo que esperaba.

Es evidente que te has esforzado de una forma tremenda.

Tu disposición a intentarlo es elogiable. No debe haber sido nada fácil.

Veo que esto te ha representado un gran esfuerzo, pero has mostrado coraje y te has lanzado. Muy admirable.

En el ejemplo anterior también podemos encontrar el paso de seguimiento que hemos llamado «Entonces, ¿qué?». Las respuestas pueden servir para la conversación de coaching y para diseñar los futuros pasos prácticos.

¿Qué has aprendido de lo que hiciste?

Si analizas lo que hiciste, ¿qué cosas quisieras asegurarte de repetir la próxima vez?

Revisar el paso práctico

Luego del todo esto hay que crear un nuevo paso práctico revisado, que tenga en cuenta las dificultades anteriores. Se trata de planificar el camino a seguir teniendo en cuenta las percepciones de la persona sobre su experiencia reciente. Es un proceso de dos partes. Primero, evaluar el compromiso del joven por completar el paso práctico y, segundo, reformular el paso práctico de acuerdo a lo que el joven haya aprendido.

Evaluar el compromiso del joven con el paso práctico

Antes de lanzarnos a dar por sentado que el joven completará en las siguientes semanas el paso práctico que no pudo completar, detengámonos a averiguar si este paso práctico sigue siendo relevante.

Hay toda una serie de razones por las que un paso práctico puede dejar de ser necesario. Las circunstancias pueden haber cambiado, puede que la consecución de otros pasos prácticos ya haya cubierto la necesidad original o quizás haya nuevas percepciones que dan al joven un nuevo enfoque sobre el problema. Incluso, en ocasiones, un joven se decidirá por un paso práctico y más tarde se dará cuenta de que no era realmente una prioridad.

La manera más sencilla de evaluar su compromiso continuado con un paso práctico es preguntárselo. Probemos con una de estas preguntas:

¿Qué importancia tiene para ti el realizar este paso práctico?

¿Qué relevancia tiene ahora este paso práctico?

¿De qué manera te acercará a tu objetivo la consecución de este paso práctico?

Evaluar el compromiso con el paso práctico da al joven la oportunidad de conectarse con su motivación original, la de cuando lo creó. Lo habitual es escuchar respuestas como: «¡Tengo que hacerlo!» o «No tengo elección. De verdad. Es esencial para el proyecto». La mayoría de las veces la persona desea continuar con el paso práctico.

Sin embargo, habrá veces en que el joven decidirá que completar ese paso práctico ya no es necesario. Aunque aparecen con variaciones, las tres principales razones para no continuar con un paso práctico son: uno o más de los otros pasos prácticos han satisfecho la intención del paso práctico incompleto; las circunstancias han cambiado y ahora es irrelevante; o el joven no tenía clara desde un principio su la importancia de realizar este paso práctico.

Si no quiere continuar con el paso práctico, pasemos a procesar los otros pasos prácticos y luego a determinar el objetivo de lo que queda de conversación de coaching de ese día.

Si se compromete a realizar el paso práctico, entonces tengamos una breve conversación sobre cómo reformularlo de manera que se facilite su cumplimiento.

Reformular el paso práctico

Durante la conversación de coaching anterior, el joven había creado un paso práctico. Intentó realizarlo, pero no lo logró. Y luego en esta conversación procesó ese intento con el coach. Ahora, basándonos en la experiencia y las percepciones del joven, y en el hecho de que sigue comprometido a realizarlo, hemos de ayudarle a crear un plan para que pueda hacerlo. Eso implicará ciertas modificaciones...

Hagámosle, entonces, la siguiente pregunta clave:

¿De qué manera se podría modificar ese paso práctico?

A partir de aquí, la conversación es similar al proceso de elaboración de nuevos pasos prácticos. ¿Reúne las características MARTE? Solucionemos los inconvenientes basándonos en la información y el aprendizaje que ha surgido antes al comentar el «¿Qué?» y el «Entonces, ¿qué?». He aquí algunas preguntas más que pueden sernos útiles:

El paso práctico era demasiado grande:

¿Serviría dividir el paso práctico en unos cuantos pasos pequeños?

El paso práctico era demasiado pequeño:

¿Cómo podríamos cambiar el paso práctico de manera que te resulte más desafiante?

El paso práctico estaba fuera del control de la persona:

¿Qué parte estás en condiciones de hacer tú? ¿Dónde podrías encontrar ayuda para el resto?

«La vida» se ha puesto en medio:

¿Qué podrías hacer para incluir este paso práctico en tu ocupada agenda?

¿Le ayudaría conversar sobre las tensiones que te está provocando tu horario?

Una vez procesado y revisado el paso práctico, la persona estará más preparada para completarlo. Nuestra atención en el seguimiento le dará más posibilidades de éxito al joven. El propósito del coaching es ayudar a las personas a salir adelante en las tareas y en las áreas de responsabilidad que Dios les ha encomendado.

Pasar al resultado de la conversación

Durante una conversación de coaching, el conversar para conectar y el seguimiento de los pasos prácticos suelen llevar tan solo unos minutos. A veces puede ser tentador hacerlo durar más, ya que surgen temas muy interesantes, pero debemos evitar esta tentación y seguir adelante.

Hasta ese momento hemos estado repasando el pasado, averiguando cómo está la persona y dando seguimiento a los pasos prácticos. Ahora llega el momento de centrarnos en el futuro, y de preguntarle al joven sobre el objetivo de la conversación de coaching de hoy. Los dos debemos cambiar de conversación y ver en qué quiere trabajar nuestro interlocutor este día.

Tras dar seguimiento a los pasos prácticos, hagamos una pausa para recapitular y entonces preguntemos por el objetivo:

¡Has progresado mucho en los pasos prácticos! Sigamos avanzando, ¿qué resultado te gustaría obtener de la conversación de hoy?

Es genial cómo has podido hacer tal cosa y tal otra... [pausa] ¿A qué te gustaría dedicar el tiempo que nos queda hoy?

Si quieres podemos seguir hablando de esto, pero detengámonos un momento para aclarar en qué te gustaría trabajar hoy.

Todos estos son ejemplos de transición, para pasar de la revisión de los pasos prácticos a la conversación sobre el futuro. A partir de aquí, hay que continuar con el proceso explicado en el capítulo sobre el <u>objetivo</u>, para determinar las prioridades del joven en la conversación.

Conclusión

Si se hace bien, el seguimiento es una de las partes más productivas de la conversación de coaching. Mucha gente aprende las cosas haciéndolas. Pedirles que reflexionen sobre lo que han hecho y sobre lo que han aprendido puede generar más percepciones y descubrimientos que los que aparecen en la fase de <u>ampliar</u> de la conversación.

El seguimiento de los pasos prácticos es una manera natural de rendir cuentas que motiva a las personas a esforzarse más de lo que lo hubieran hecho por sí mismas. Empezar con la pregunta: «¿Qué progresos has hecho con los pasos prácticos?» es una manera positiva de iniciar la conversación de coaching. El joven puede celebrar sus logros y al mismo tiempo ser escuchado con empatía por lo que no logró aún.

Buscar el aprendizaje en la experiencia del joven, hayan ido las cosas como se esperaba o no, le hace pasar de la acción al aprendizaje y la reflexión. Los pasos prácticos incompletos o fallidos son una oportunidad para que el coach reconozca los avances de la persona, y para que esta aprenda de su experiencia. Preguntarle al joven sobre la importancia de completar los pasos prácticos incompletos nos sirve de indicador sobre la relevancia que todavía tiene, o no, el llevar adelante ese paso práctico en concreto. Si es necesario, hay que revisar o reformular los pasos prácticos para que se puedan cumplir.

Una vez que se ha dado seguimiento a los pasos prácticos, hay que pasar al objetivo y preguntarle al joven cómo quiere usar lo que queda de la conversación.

Ejercer el **COACHING**

«Unos de los pasos prácticos más importantes que puede dar un coach es sencillamente mantener a la gente en marcha, aunque al principio no les vaya bien.»

— *Robert Hargrove*

No «ser un coach» sino «ejercer el coaching»

La palabra «coach» en el idioma inglés es un sustantivo y también un verbo. En español, sin embargo, este término solo se utiliza como sustantivo. Si queremos transformarlo en un verbo, se puede decir, por ejemplo, «ejercer el coaching» o «hacer coaching».

Ser un coach (sustantivo) es tener un cargo, un rol o un título de coach. Algunas personas buscan acreditaciones y títulos, pensando que una vez adquiridos ya estarán preparadas para ejercer el coaching. Lo cierto es que una formación profesional en coaching es tremendamente beneficiosa, pero el coaching no se trata de certificados sino de ayudar a otras personas.

¡Limitémonos a ejercer el coaching con la gente en general, y con todos aquellos relacionados con nuestro ministerio juvenil en particular, ya sean los mismos jóvenes, otros líderes, los padres o incluso los pastores principales de la congregación! En nuestras conversaciones comunes y corrientes, sepamos escuchar. Seamos curiosos, aunque pensemos que «ya sabemos todo». Hagamos preguntas. Preguntemos por las ideas de los demás antes de lanzarnos a dar las nuestras. Terminemos nuestras conversaciones o las reuniones de las que participamos preguntando: «¿Qué se podría hacer para avanzar en este tema?»

Al margen del dominio que podamos tener de las aptitudes de coaching, los encuentros periódicos con la otra persona son de mucha ayuda. No te preocupes si no puedes usar «el modelo COACH» completo en todas las conversaciones. Emplea la parte que le sea útil a esa persona y en esa conversación particular.

Ofrecerse para el coaching

La mejor manera de empezar a ejercer el coaching es aprovechar cualquier conversación que tengamos con otra persona. ¡Solo hay que empezar! No hay que tener una relación formal con el otro para ser de ayuda.

El siguiente paso serán las relaciones personales que ya tenemos establecidas, algo muy fácil de hacer si se es pastor o líder juvenil. Si ya te estás reuniendo con alguien periódicamente en una relación de discipulado o mentorado, puedes reorganizar tu tiempo con la persona por medio de las herramientas de coaching que has aprendido. Escucha más, y haz más preguntas que ayuden al joven a reflexionar en profundidad. Resérvate tus propias experiencias y consejos, e intenta sacarlos de dentro de los demás. Pídeles a los jóvenes con los que te reúnes que creen un par de pasos prácticos. Que sea una cosa natural... No tienes necesariamente que explicarles lo que están haciendo. ¡Experimentar una conversación de coaching es mucho mejor que escuchar cómo te la explican!

Comienza a practicar en las relaciones de consejería en las que tan a menudo, pastores y líderes juveniles, debemos trabajar. Escucha a los jóvenes, no les des consejos basados en tu experiencia. Ayúdalos, por medio de preguntas potentes, a qué ellos se conecten con el Espíritu Santo y encuentren por ellos mismos soluciones y respuestas. No permitas que se marchen del encuentro sin haber identificado algunos pasos prácticos para llevar a cabo.

Ofrécele tu ayuda a la gente. Algunas personas, al enterarse de lo que hacemos, nos piden a los coaches que lo hagamos con ellas. Pero en la mayoría de los casos somos nosotros los que nos ofrecemos. Tal vez puedas comenzar con los líderes de tu equipo de pastoral juvenil. Haz coaching sobre temas relacionados con su liderazgo, o sobre temas personales que ellos deseen trabajar.

Si no te ofreces, la gente puede pensar que estás demasiado ocupado. O quizás las personas no sepan qué es el coaching, ni lo útil que les puede resultar en su situación. Si estás disponible, ¡entonces ofrécete!

Félix explica cómo ofreció coaching a uno de los jóvenes profesionales de su iglesia al cual estaba discipulando. Después de que Tomás le compartiera una dificultad acerca de cómo mantener un buen equilibrio entre la familia y el negocio que estaba poniendo en marcha, Félix le dijo: «Vaya, lo que cuentas me parece un desafío tremendo. No sé si te vendría bien algo de ayuda...»

«¿Qué tipo de ayuda?»

«Bueno, me suelo encontrar con determinadas personas una hora por semana para lo que llamamos "conversaciones de coaching". Les ayudo a tener una compresión clara de su situación y a progresar por medio de pasos prácticos.»

Tomás le contestó: «No estoy seguro de lo que tengo que hacer con este problema.»

«En ese caso sería un placer poder ayudarle. ¿Quieres que quedemos para alguna mañana de esta semana? Quedamos y luego decides si quieres continuar. Es tu decisión.»

«¿Y cuánto me costará?», preguntó Tomás.

«Me invitas un café, y con eso será un placer ayudarle... ¡cuando ganes millones con tu empresa, hablamos de honorarios!», dijo Félix sonriendo.

Ofrecerse para el coaching es tan sencillo como hacerles saber a los jóvenes, a otros líderes, e incluso a los padres de los muchachos y muchachas del grupo, que estamos dispuestos a tener conversaciones con ellos. Una vez que ya se ha adquirido cierta experiencia, se corre la voz, y entonces son las personas las que acuden al coach. Pero no esperemos a que nos lo pidan, ¡ofrezcámoslo!

Cuando el coach tiene autoridad

Dada la naturaleza no directiva del coaching, puede resultar complicado aplicar estos conceptos y actitudes cuando tenemos autoridad sobre la otra persona. Este sería el caso de un pastor o líder pagado por la iglesia y que tiene personas bajo su responsabilidad, e incluso, en ocasiones, algunas de ellas también asalariadas parcial o totalmente.

Gran parte del problema radica en nuestra idea (errada) de que la autoridad exige o nos da el derecho a ser directivos. A pesar de todo ese discurso de «líderes siervos que capacitan a otros», nuestra sociedad, en lo que al liderazgo concierne, sigue tendiendo a mandar y controlar por defecto. Le damos a alguien un cargo con un poco de autoridad, y en seguida cambia su estilo de liderazgo para pasar a mandar y controlar. El viejo dicho de que «el poder corrompe» parece quedar reflejado en nuestros intentos diarios de ejercer el coaching en situaciones en las que nos sentimos con autoridad. Pero no tiene por qué ser así.

Para que una organización crezca de verdad, debemos alcanzar los objetivos organizacionales a la vez que desarrollamos el potencial de las personas. Muchos líderes que gestionan el día a día de los empleados pueden alcanzar el primer objetivo, pero no el segundo. Un líder eficaz intenta alcanzar los dos objetivos simultáneamente: los objetivos de la organización y el desarrollo de sus empleados. Lo mismo ocurre con los padres. Queremos que nuestros hijos saquen buenas notas y a la vez desarrollar su carácter, su disciplina y sus hábitos de estudio. No es una cosa o la otra, son ambas. Esto mismo debería poder aplicarse a los grupos juveniles con los que trabajamos. Ciertamente tenemos unos objetivos que como grupo e incluso como iglesia debemos alcanzar, pero deberíamos hacerlo preocupándonos, al mismo tiempo, del desarrollo de las personas que han de llevarlos a cabo, ya sean asalariados o simples voluntarios.

En una relación de autoridad, se puede negociar y ganar la libertad de gestionarse a uno mismo. Y es justo en este ámbito de libertad dónde podemos tener conversaciones de coaching. Un líder que desee utilizar más a menudo el coaching como estilo de liderazgo, tiene que contemplar este margen de libertad.

Cuando pensamos en los líderes que más nos han gustado y que más impacto han tenido en nuestras vidas, vemos que cada uno de ellos dejó bien claras las expectativas y utilizó un enfoque de coaching con nosotros. Sus indicaciones delimitaban el campo, para que entendiéramos qué áreas del trabajo estaban abiertas a nuestras ideas, cambios, aportes e innovaciones, y cuándo teníamos que limitarnos a seguir instrucciones.

Al ejercer el coaching con personas que están bajo nuestra autoridad, es importante que dejemos claro el margen de libertad que tiene subordinado (ya sea un líder, un empleado o un hijo) para decidir, planificar y actuar por su cuenta. Luego el coaching suele darse dentro de estos márgenes de libertad. Pero el primer paso es acordar unas expectativas claras.

Estos márgenes de libertad se pueden ir expandiendo en la medida en que la persona sea capaz y esté dispuesta, y así podrá aportar más cosas, dejar fluir su creatividad y hacer su trabajo de manera más personal.

Para ilustrar mejor cómo funciona esta dinámica, dividamos un proyecto en cuatro partes genéricas:

1. Objetivos: el propósito, las metas y los resultados de un proyecto.

2. Estrategias: los planes más amplios para llegar a los objetivos.

3. Métodos: las maneras específicas en que las estrategias se llevarán a cabo.

4. Tareas: el trabajo del día a día.

¿En cuáles de estas cuatro partes tiene la persona bajo tu autoridad libertad de decidir y actuar? Por ejemplo, pensemos en una iglesia que quiere replantear toda la pastoral juvenil que está llevando adelante. El objetivo es que cada joven tenga la posibilidad de que la imagen de Jesús sea moldeada en su vida. La estrategia es que se desarrollará una pastoral juvenil con los cinco acercamientos educativos: grupo grande, grupos pequeños, tiempo concentrado por medio de campamentos y retiros, acompañamiento espiritual personal y, finalmente, servicio a un mundo necesitado. Los métodos y las tareas quizás sean decisión de los líderes del equipo. En este caso, una serie de conversaciones de coaching se pueden centrar en torno a los métodos y las tareas cotidianas que los líderes del equipo de pastoral van a usar para conseguir esos objetivos.

¿Qué pasa si un líder cuestiona la estrategia? Quizás a esta persona le gustaría usar un planteamiento diferente y centrarse en grandes reuniones de adoración y alabanza para buscar a Dios. ¿Puede hacerlo? Bueno, si el pastor de jóvenes y la iglesia están dispuestos a negociar la estrategia, entonces este se puede convertir en un tema de coaching. Si el tema no está en discusión, entonces debe comunicársele claramente a la persona para no alimentar falsas esperanzas. Así, el coaching se limitaría a cómo seguir la estrategia aprobada por la iglesia, es decir, a cómo desarrollar los cinco acercamientos educativos de la pastoral juvenil.

Lo mismo ocurre en una situación parental. Que un adolescente de 15 años tiene que ir a la secundaria no es discutible. Sin embargo, tal vez pueda discutirse de qué manera puede ir: en autobús, andando, con un amigo, etc. Hay que dejar claros los límites y ejercer el coaching dentro de los mismos. Fuera de estos, quizás tengamos que ser más directivos.

Otra diferencia en el coaching cuando tenemos autoridad sobre la persona es que los temas de coaching son más limitados. Si se trata de una relación laboral, los temas de las conversaciones de coaching girarán, de manera natural, en torno al trabajo. No esperemos que un empleado se abra a contarnos acerca de su matrimonio, sus hijos y sus sueños en la vida. Nuestra autoridad sobre esta persona le impedirá sentirse cómoda para hablar con nosotros de estas cosas. Si necesita coaching sobre estos temas, será mejor que lo haga con otra persona.

Coaching al momento

Las conversaciones cotidianas son una manera natural de utilizar las técnicas del coaching. La gente está constantemente buscando ayuda para resolver sus problemas y alcanzar sus objetivos, y por eso surge el tema en las conversaciones casuales. Podemos entablar, entonces, una conversación «clandestina» de coaching, para ayudar a alguien a reflexionar sobre determinado tema, e incluso a decidir algunos pasos prácticos. Aunque no usemos «El modelo COACH» podemos llegar tan lejos como la persona nos permita, y ser útiles al menos en esto.

El siguiente es un ejemplo de cómo una madre se vale de las aptitudes del coaching en una conversación con su hijo adolescente:

Adolescente: «¡Estoy muy estresado!»

Madre: «Cuéntame, ¿qué sucede?»

Adolescente: «Pues que el viernes tengo que entregar un trabajo de historia.» (Estamos a miércoles.)

Madre: «¿De qué se trata?» (En lugar de reprenderlo preguntándole desde cuándo lo tenía y por qué lo ha dejado para última hora.)

Adolescente: «Es sobre los procesos de independencia de la Corona española de los diferentes países de América.»

Madre: «¿Y cómo te está yendo?»

Adolescente: «Todavía me falta mucho.»

Madre: «¿Y qué plan tienes para terminarlo?» (De nuevo, resistiendo la tentación de sermonearlo por no haber empezado antes.)

Adolescente: «Ya he recopilado casi toda la información, pero no puedo empezar a escribir.»

Madre: «¿Qué te lo impide?»

Adolescente: «No sé muy bien por dónde empezar.»

Madre: «Imagínate que es una película. ¿Cómo contarías la historia de la independencia?»

Adolescente: «Pues, empezaría explicando la situación de las colonias, poniendo de relieve los problemas económicos y políticos y la falta de libertades entre los criollos. También explicaría la negativa del rey de España a cualquier cambio.»

Madre: «¡Genial! ¿Y después?»

Adolescente: «Pues hablaría de cómo algunas personas importantes de nuestras tierras comenzaron a organizarse para lograr la libertad, y lo que pasó después.»

Madre: «¡A mi me parece un esquema genial para un trabajo de historia!»

Adolescente: «¡Ya, será mejor que me ponga a escribirlo!»

Madre: «Si necesitas ayuda, ya sabes.»

Adolescente: «Gracias, mamá.»

Imaginemos lo distinta que hubiera sido esta conversación si la madre, desde el primer momento, hubiera reñido al hijo por haber dejado el trabajo para última hora. ¡Esto hubiera desembocado en una pelea! El adolescente estaría ahora encerrado en su habitación, enfadado, y con menos probabilidades que antes de tener terminado el trabajo a tiempo.

En cambio, al mantener esta conversación, la madre se entera de que el adolescente ya ha estado investigando. También identifica en qué parte del proceso se ha quedado atascado, y le ayuda a encontrar una solución basada en sus propias ideas.

¿Ha empezado ella preguntando por «el resultado que esperaba obtener de la conversación»? No. El resultado que el hijo esperaba estaba claro. Ella lo ha ayudado a resolver su problema y a pensar en el siguiente paso. Si este muchacho se vuelve a quedar atascado, es muy probable que acuda nuevamente a ella, porque por medio de esta conversación lo ayudó a avanzar. ¡Este es el resultado que queremos: personas capaces y responsables, que avanzan!

Coaching más allá de las fronteras

Quizás te sorprenda escuchar que el coaching funciona bien, y hay quién dice que mejor, por teléfono que en persona. Según un estudio, el 47% de los coaches profesionales ejercen mayormente por teléfono o a través de servicios de voz por internet, como Skype. [26] Esto significa que cualquier persona del mundo puede obtener ayuda a través del coaching, y que si disponemos de un teléfono o de Skype, podemos mantener una relación de coaching con alguien esté dónde esté.

Félix puede dar fe de que esto es real y funciona, pues él lleva a cabo muchas entrevistas de coaching con pastores y líderes de jóvenes de su propio país, de muchos de los países de habla hispana del continente americano, e incluso de países europeos. La distancia no supone un problema gracias a las nuevas tecnologías, que le permiten llevar a cabo un trabajo de acompañamiento a través del coaching que sería imposible si tuviera que hacerse única y exclusivamente cara a cara.

Un pastor de una iglesia local quiso poner a prueba esta afirmación practicando el coaching a distancia, y tuvo mucho éxito. La historia es la que sigue...

Cada año, esta Iglesia Bautista envía a dos interinos a la India a servir durante seis meses en un ministerio al cual la iglesia se encuentra asociada. La iglesia y este ministerio llevan ya muchos años de colaboración. Estos interinos, antes de irse a la India, deben pasar por una formación intensiva. Pablo, pastor de esta iglesia, nos cuenta: «A pesar de la formación, yo nunca sabía cómo les iba a ir a los interinos. A algunos les iba bien, pero otros se veían desbordados por las necesidades e incapaces de sobreponerse al choque cultural. Como pastor de misiones yo quería ayudar, pero me sentía limitado por la distancia. Estoy a casi 10.000 km de la India. De cuando en cuando llamaba para animarlos, pero esto no parecía servir de mucho.»

«Todo cambió cuando aprendí a ejercer el coaching...», continúa el pastor Pablo. Y cuenta que él empezó a tener conversaciones de coaching cada semana con los interinos por medio del servicio gratuito online de Skype. «El año pasado mantuve conversaciones periódicas de coaching con los interinos. Descubrí que, de este modo, los problemas pequeños no llegaban a hacerse grandes. En general, la experiencia de los interinos fue mucho más fructífera. Estuve totalmente implicado con ellos durante todo el tiempo, a pesar de hallarme a casi 10.000 km de distancia. Y cuando regresaron a casa y a la iglesia, yo ya conocía muchos de los detalles de su valiosa experiencia. A su regreso he seguido siendo el coach de muchos de ellos...»

Muchos pastores y líderes juveniles del continente americano viven en grandes ciudades donde las distancias son enormes y dificultan el encontrarse y pasar tiempo con los jóvenes y con otros líderes. Pero con el teléfono y el ordenador se puede mantener una relación de coaching con un estudiante que esté en la universidad, con un líder que vive en el otro extremo de la ciudad o tiene horarios incompatibles con los nuestros, o incluso con jóvenes de nuestra congregación que temporal o definitivamente han dejado la ciudad pero con quienes no queremos perder el contacto. ¿Quién piensas tú que podría beneficiarse con tu ayuda? ¡Olvídate de las distancias y de las fronteras!

Los siguientes **PASOS**

«Nada cambia sin una transformación personal.»

— W. Edwards Deming

Ahora que disponemos de un modelo de coaching y de unas cuantas técnicas, ¿cómo podemos *seguir creciendo*?

El coaching, como conjunto de aptitudes, ha ido creciendo hasta convertirse en un proceso de ayuda bien desarrollado, con sus conceptos, técnicas, expectativas y resultados. Quienes deseen crecer en su capacidad para ejercer el coaching disponen ahora de muchos recursos. Estos son algunos de ellos...

Aprender de libros

Keith, quien ha desarrollado el modelo COACH, explica cómo lo concibió:

«Cuando me tomé en serio lo de aprender sobre el coaching, acudí a los libros. Durante un tiempo estuve leyendo libros y poniendo en práctica lo aprendido. Me centré en aprender a escuchar, y luego empecé a hacer preguntas abiertas en lugar de esperar un "sí" o un "no" por respuesta. Como guía para mis encuentros de coaching utilizaba un modelo sencillo que me ayudaba a concentrarme en la reflexión y el descubrimiento antes de pasar a los pasos prácticos. Con el tiempo, desarrollé "El modelo COACH", y comencé a utilizarlo en mis conversaciones.»

«Progresé lentamente, pero pude ir viendo el fruto de mis esfuerzos. Los jóvenes indonesios con quienes trabajaba adquirieron mayor conciencia de su carácter y del enfoque de su ministerio. Y me sorprendieron al poner en práctica todo ello por medio de ideas que a mí jamás se me hubieran ocurrido.»

«Sin embargo, no todo era prometedor. Yo seguía teniendo el hábito de precipitarme a dar ideas y consejos. Pero al irme disciplinando para escuchar, hacer preguntas, y permitir que mis colegas indonesios tomaran sus propias decisiones, vi cómo ellos crecían en confianza y juicio. Se estaban desarrollando como líderes. Ni les decía ni les enseñaba lo que tenían que hacer, sino que ayudaba a que esto surgiera de ellos a través de preguntas potentes, dejando que fuera el Espíritu Santo y no yo quién los guiara.»

«Al cabo de unos años de practicar el coaching de esta manera, mi esposa y yo recibimos un donativo muy grande y lo invertimos en un curso profesional de coaching. Aprendimos mucho, y también consolidamos lo que ya estábamos practicando.»

«Lo que queremos enfatizar es que no descarten lo que pueden aprender a través de un libro como este. Vayan y creen sus propios planes de acción siguiendo las instrucciones de este libro. Pongan en práctica lo que han leído, ¡y verán los resultados!»

Desarrollar esquemas mentales

La capacidad del coach empieza por sus propios esquemas mentales. ¿Qué tipo de coach queremos *ser*? Presta atención y toma en consideración los siguientes esquemas mentales.

- Quiero esperar que el Espíritu Santo me enseñe y recuerde.

- Quiero pasar de resolver problemas a descubrir soluciones.

- Quiero dar más valor a las ideas y soluciones del joven que a las propias.

Cuando entablemos conversaciones de coaching, seamos conscientes de lo que ocurre *en nuestro interior*. Justo después de cada conversación, dediquemos unos minutos a reflexionar sobre las siguientes preguntas...

Durante la conversación de coaching:

- ¿En qué pensaba yo?

- ¿Cómo me sentía?

- ¿En qué momento me distraje, o no estaba del todo presente en la conversación? ¿A qué se debió esto?

- ¿Qué podría yo hacer distinto la próxima vez?

Es todavía mejor si otra persona nos puede hacer estas preguntas. Resulta muy útil encontrarse con alguien que quiera mejorar sus aptitudes para el coaching y esté dispuesto a comentarlas.

Formación adicional

En el ministerio hay muchas personas que se denominan a sí mismas «coach» o que describen su función de ministerio como «coaching». La gente va a leer y oír hablar cada vez más sobre el coaching, y comenzarán a preguntarlos: «¿Dónde has recibido tu formación en coaching?». El coaching se ha convertido en un conjunto concreto de aptitudes y ha adoptado unas características únicas que producen resultados eficaces. Una formación de coaching que respete los criterios profesionales puede ser de mucho beneficio para cualquier persona con cargos directivos.

Como en todo en la vida, para hacer un trabajo excelente hay que estudiar y practicar. Para aprender a ejercer bien el coaching hay que contar con un coach experimentado y practicar el arte y las aptitudes del coaching con él o ella. Este es el motivo de la formación especializada en coaching, una formación que debe consistir al menos en cuatro amplios componentes:

1. Formación específica en las técnicas fundamentales del coaching.

2. Aprendizaje de adultos y otros esquemas mentales de capacitación.

3. Experiencia como cliente.

4. Ejercer el coaching con otros y recibir retroalimentación.

Hay numerosos seminarios relacionados con el coaching. Muchos no usan el coaching en el mismo sentido que lo hace este libro. Algunos seminarios utilizan el término «coach» con un sentido muy amplio, refiriéndose a cualquier tipo de ayuda «de tú a tú». Lo más común es que el seminario se especialice en función de quién va a recibir el coaching, por ejemplo estudiantes, nuevos creyentes, misioneros o pastores. Esta formación prepara a los participantes para ayudar a determinado tipo de personas, y suele darse en formato de curso o enseñanza en lugar de darse en formato de coaching.

Hay también otro tipo de formación centrada en el uso de una herramienta, proceso o evaluación específicas. En estos casos, el enfoque es interpretar o procesar la herramienta o test; como por ejemplo, el Strengths Finder o el DiSC. A este acercamiento lo denominan «coaching», pero lo que se aprende en el seminario es a interpretar los resultados del test. Cuando ya se sabe ejercer bien el coaching, el uso de estas herramientas puede beneficiar a las personas con las que se trabaje.

La formación especializada de coaches se centra específicamente en unas aptitudes y unos esquemas mentales no directivos. Muchas organizaciones ofrecen este tipo de formación, cada una con su perspectiva propia, pero con unas aptitudes básicas del coaching similares. La formación de coaching que hemos desarrollado en este libro se aplica teniendo en cuenta la visión cristiana del mundo, así como los entornos de ministerio. Hay otras organizaciones cristianas que preparan a la gente para empezar su propio negocio de coaching cristiano, mientras que las organizaciones seculares enseñan el coaching desde la óptica psicológica o de la autoayuda; o incluso desde la perspectiva de la Nueva Era. Es importante entender qué visión del mundo tiene determinada organización, así como el entorno en el que vamos a estar ejerciendo el coaching.

La organización con la que trabajamos los autores de este libro ha formado a miles de personas para ejercer el coaching en entornos ministeriales. Sabemos por experiencia que un taller de tres días puede darles a los líderes cristianos la instrucción necesaria para saber cómo integrar las herramientas fundamentales del coaching en su estilo de liderazgo y ser, de esta manera, mucho más efectivos en sus ministerios. Nuestro programa más popular entre los líderes cristianos es el *Curso Certificado de Técnicas Fundamentales de Coaching en español*[27] y también los seminarios de dos o tres días acerca de *Cómo integrar las herramientas de coaching en su estilo de* liderazgo, también en español. Con un enfoque cristiano y los principios de este libro, ambos programas dan a los líderes cristianos un alto nivel de profesionalidad en lo que refiere a los criterios del coaching.

A diferencia de otras capacitaciones que existen en el mercado, en nuestros talleres son bienvenidos los temas relacionados con la fe y el ministerio. No hay necesidad de esconderse ni de caminar de puntillas por los aspectos más profundos de la vida. Nosotros animamos a los participantes a integrarse a todos los niveles: espiritualidad, carácter, familia, profesión, cultura, comunidad, etc. Naturalmente, las técnicas de coaching que enseñamos son perfectamente compatibles y en absoluto no ofensivas con aquellos que no son cristianos.

Preparados, listos, ¡ya!

«No puedo hacerlo.» Esa es la respuesta que solemos obtener de las personas que asisten a un taller de coaching de un día.

«No sé hacer buenas preguntas.» Esta es la respuesta que nos dan de las personas que asisten a un curso de coaching de tres días.

«¿Quién va a querer que le haga de coach?» Esta es la respuesta que recibimos de las personas que asisten a un curso de coaching de siete días.

¿Puedes notar el patrón? Por mucha formación que uno reciba, cuando hacemos algo nuevo raras veces nos sentimos preparados, seguros y calificados.

Moisés se sintió igual. Él se había pasado 40 años cuidando ovejas en el desierto cuando Dios le pidió que sacara a Israel de la cautividad en Egipto. Leamos la conversación que tuvieron:

«Entonces Moisés dijo al SEÑOR: "Por favor, Señor, nunca he sido hombre elocuente, ni ayer ni en tiempos pasados, ni aún después de que has hablado a tu siervo; porque soy tardo en el habla y torpe de lengua." Y el SEÑOR le dijo: "¿Quién ha hecho la boca del hombre? ¿O quién hace al hombre mudo o sordo, con vista o ciego? ¿No soy yo, el SEÑOR? Ahora pues, ve, y yo estaré con tu boca, y te enseñaré lo que has de hablar."» [28]

Volviendo a Juan 14.26, podemos confiar también en que el Espíritu Santo nos enseñará y recordará lo que debemos hacer y decir. No esperes dominar el coaching desde un principio. Esto exige tiempo y trabajo duro. Sin embargo, desde un principio les *resultarás útil* a las personas, mucho más que ahora, y esto dará sus frutos en las vidas de las personas con quienes te relaciones.

Tu parte es disciplinarte en la práctica de las técnicas que estás aprendiendo. Y hay muchas maneras de empezar a practicar el coaching con otros. Pero todas ellas implican salir de tu zona de seguridad y hacerlo. ¡Hay que tener fe!

La aplicación del modelo
COACH en el día a día del
MINISTERIO JUVENIL

Nos gustaría que nuestros lectores pudieran ver en acción las herramientas del coaching, en situaciones típicas del ministerio juvenil. Creemos que de esta manera, con ejemplos de su aplicación en temas que los pastores y líderes juveniles afrontan día tras día, puede resultar más fácil dar el salto desde la teoría explicada en el libro a la realidad del trabajo pastoral.

Para ello hemos creado tres líderes juveniles ficticios. (Por tanto, cualquier parecido con la realidad aseguramos que es pura y total coincidencia.)

James es líder de adolescentes, y lo veremos en acción aplicando los principios del coaching a la hora de trabajar con ellos y sus singulares circunstancias de vida.

Rodrigo, cuyo reto es el pastoreo de los jóvenes universitarios de su iglesia, emplea las herramientas del coaching a la hora de trabajar con este grupo también.

Finalmente nos encontraremos con Danila, que trabaja con jóvenes profesionales y ha de lidiar, como parte de acompañarlos espiritualmente, con situaciones típicas de esa etapa de la vida.

Queremos pedirte que por favor leas las diferentes situaciones pastorales y las utilices como una herramienta de aprendizaje. El siguiente proceso puede serte de utilidad:

Luego de leer cada situación, reflexiona sobre...

1. Qué cosas hizo el coach
2. Qué cosas no hizo
3. De qué forma utilizó las herramientas básicas del coaching explicadas en este libro
4. De qué modo uso uno o todos los elementos del modelo COACH

5. Qué principios de trabajo puedes identificar

6. En qué situaciones familiares podría aplicarse lo aprendido por medio del estudio de este caso

Somos conscientes de que cada persona es única y singular. De hecho, esa es una de las premisas básicas del coaching. Por tanto, lo que funciona perfectamente para una persona puede resultarle fatal a otra. Tal vez haya un paralelismo entre las situaciones aquí descritas y las que te toca afrontar a ti, o tal vez no. Una vez más, queremos hacer énfasis en la importancia de los *principios*. Identifícalos, y luego tendrás el desafío de discernir cómo aplicarlos en tus propias situaciones.

Como verás a través de los ejemplos desarrollados, el coaching puede aplicarse a prácticamente cualquier situación, siempre y cuando los jóvenes con los que trabajes estén emocional y mentalmente sanos. Un pastor o líder juvenil debe saber cuándo es oportuno y necesario derivar un joven a un profesional de la salud mental, y bajo ningún concepto debería lanzarse a tratar trastornos o patologías. Recuerda que el coaching no es un sustituto para la terapia llevada a cabo por un profesional calificado.

A continuación presentamos con más detalle a nuestros (imaginarios) líderes juveniles...

JAMES

James es el líder de adolescentes de su iglesia. Tiene a cargo un grupo bastante numeroso, y realmente ama trabajar con este grupo etario, sus «prehumanos», como los denomina de forma cariñosa. El ministerio está bien estructurado, y además de la reunión de todo el grupo grande y de las reuniones de grupos pequeños, se hace un énfasis muy especial en el acompañamiento espiritual personal de cada adolescente. No hace falta aclarar que esto no lo lleva adelante James solo, sino que tiene involucrado a un buen número de líderes en la tarea, la mayoría de los cuales son estudiantes universitarios que un día fueron adolescentes con los que James trabajó.

RODRIGO

Rodrigo es un intelectual, una «rata de biblioteca». Así lo llaman, con afecto y cariño, los jóvenes de su grupo de universitarios. Es pastor a medio tiempo de los estudiantes universitarios de su iglesia. Se trata de una congregación grande que tiene muy bien estructurada la pastoral juvenil y que cuenta con varios pastores que ministran a los diferentes grupos del colectivo juvenil. Una buena parte de su tiempo lo pasa conversando con los jóvenes bajo su responsabilidad acerca de los retos, desafíos y realidades de la vida universitaria.

DANILA

Danila es la pastora de jóvenes de una iglesia con más de mil miembros, y tiene bajo su responsabilidad aproximadamente a unos trescientos jóvenes de todas las edades, aunque el grupo mayoritario son jóvenes adultos, muchos de ellos profesionales. Danila cuenta con un buen equipo de líderes, todos ellos voluntarios y altamente comprometidos. La mayoría de estos líderes están casados y algunos tienen niños pequeños, situación que se irá reproduciendo en las parejas que todavía no tienen hijos. Esta realidad, la de parejas jóvenes, ambos profesionales que trabajan, y con niños pequeños, condiciona la disponibilidad de sus líderes debido a las demandas familiares.

SITUACIONES DE JAMES

PRESIÓN DE LOS AMIGOS

Víctor, uno de los adolescentes del grupo de James, estuvo el fin de semana pasado en casa de unos amigos. Los papás no estaban, había alcohol disponible y... bueno, bebieron más de la cuenta. Víctor se pasó la noche vomitando y al día siguiente se sentía fatal, no solo físicamente, sino también emocional y espiritualmente.

James: «Bueno, ¿cómo te sientes ahora que ya han pasado varios días?»

Víctor: «Fatal. Físicamente ya no estoy mal, pero me siento muy culpable, enfadado conmigo mismo y pensando que Dios también debe estarlo.»

James: «¿A qué se debe que estés enfadado contigo mismo? Ayúdame a entenderlo.»

Víctor: «Pues estoy enfadado porque me dejé llevar por mis amigos. Yo no quería hacerlo, pero todos comenzaron a decirme que era un "santito", que los santos no beben, que levitan por encima del suelo y cosas por el estilo. Todos se reían de mí y quise demostrarles que no era diferente.»

James: «Entiendo que la presión debió de ser muy fuerte. ¿Y qué pasó después?»

Víctor: «Comencé a beber, al principio solo un poco, para que me dejaran tranquilo, pero ellos me animaban, me llenaban el vaso, y seguí y seguí... Bueno, el resto ya lo sabes. Por eso estoy enfadado conmigo mismo, porque no supe decir que no, o incluso marcharme o llamar a casa para que me vinieran a buscar. Lo que ocurre es que... ¿sabes James? Quería sentirme aceptado por el grupo.»

James: «¿Qué piensas sobre el precio que tuviste que pagar para que te aceptaran?»

Víctor: «Eso es otra de las cosas por las que estoy enfadado. Después de todo lo que pasé, aun se reían más de mí. Se burlaban porque no había sido coherente con lo que pienso y creo. Hacían mofa diciendo que vaya cristiano tan flojo que era, y que pensaban que los seguidores de Jesús eran más radicales que eso. Ya ves, todo lo que pasé ¡y para nada! No conseguí su aprobación, sino más desprecio.»

James: «Víctor, ¿qué has aprendido de todo esto?»

Víctor: «Pues que respetarme a mí mismo es más importante que el hecho de que mis amigos me respeten o no. Pienso que si yo no me respeto a mí mismo, nadie lo hará. Ahora ni ellos me respetan, ni yo me respeto. ¡Imagínate cómo estoy!»

James: «Entiendo. Pero vayamos por partes. Como bien sabes, la Biblia habla del perdón. ¿Cómo se aplicaría esto a tu situación?»

Víctor: (Pensativo) «Si pido perdón, el Señor me perdona. Eso lo sé, pero yo sigo sintiéndome culpable.»

James: «Si la Biblia afirma que *"si confesamos nuestros pecados Dios es fiel y justo para perdonarnos y limpiarnos de toda maldad"*, entonces, ¿de dónde procede esa culpa? Está claro que no procede de Dios.»

Víctor: (Aun más pensativo) Tal vez el asunto es que *yo* no me he perdonado a mí mismo. Estoy enfadado conmigo mismo por haberme fallado y por haberle fallado al Señor.

James: «Lo que dices tiene sentido. En cuanto al Señor, no tienes por qué preocuparte. Si lo haces, recuerda de nuevo 1 Juan 1:9. Entonces, ¿qué puedes hacer para perdonarte a ti mismo?

Víctor: «¡Es que me siento tan tonto por lo que hice! Pero entiendo lo que quieres decir: he de perdonarme y prometerme a mí mismo que no lo volveré a hacer.»

James: «Precisamente de eso quería hablar. ¿Qué piensas que podrías hacer para que lo que sucedió no se vuelva a repetir? ¿Qué estrategias podrías poner en marcha?»

Víctor: «(Pensativo) Creo que si puedo anticiparlas, puedo evitar ciertas situaciones. Y puedo aprender a decir "NO" sin que me importe lo que los otros piensen de mí.»

James: «Ambas estrategias son muy sabias. Y cuando llegue el momento, ¿qué puede ayudarte a mantenerte firme?»

Víctor: «Aunque no lo creas, algo había pensado al respecto, pero esta conversación contigo me ha ayudado a verlo más claro. Debo recordar que la persona con la que más a gusto tengo que estar soy yo mismo. Ya lo he pasado lo suficientemente mal y me despreciado a mí mismo por lo que hice. No pienso repetirlo.»

Ahora piensa...

1. Qué cosas hizo James

2. Qué cosas no hizo

3. De qué forma utilizó las herramientas básicas del coaching explicadas en este libro

4. De qué modo uso uno o todos los elementos del modelo COACH

5. Qué principios de trabajo puedes identificar

6. En qué situaciones familiares podría aplicarse lo aprendido por medio del estudio de este caso

PROBLEMAS CON LOS PADRES

María está muy desilusionada con sus padres. Les había compartido su deseo de estudiar en la universidad un curso de computación para el diseño de videojuegos. No parecieron muy entusiasmados pero no le dijeron que no... Sin embargo, más tarde María los escuchó hablando entre ellos y comentando que dudaban de su capacidad para unos estudios tan exigentes.

James: «Lamento la situación, María. ¿Cómo te sentiste al oír esa conversación.»

María: «Me sentí muy mal, muy decepcionada, muy triste. La verdad es que para mí la opinión de mis padres y su apoyo son muy importantes, y cuando te das cuenta de que no confían en ti y en tus capacidades te sientes muy frustrada. A mí me da igual lo que piensen mis profesores, o incluso mis amigos, ¡pero que tus padres no crean en ti es muy fuerte!»

James: «Entiendo tus sentimientos y me entristece que te sientas así. Sin embargo, quiero hacerte una pregunta... Tal vez sea difícil y te sientes incómoda, pero te pido que lo pienses fríamente por un momento: ¿Qué puede haber llevado a tus padres a pensar de este modo?

María: (Pensativa y con cierto grado de desconfianza) «No sé. Ellos dicen que no soy constante en las cosas, que comienzo muchas y acabo pocas.»

James: «Háblame más sobre eso.»

María: «Me da un poco de vergüenza, pero bueno, lo haré. Hace unos años dije que quería estudiar piano. Estaba muy entusiasmada, y ellos hasta me compraron un piano. Era viejo, de segunda mano, pero costó dinero. Cuando llevaba dos años de estudiar música, lo dejé. También en determinado momento me puse pesada con que quería aprender judo. Y pasó algo similar. Cuando estaba en cinturón naranja, me cansé. ¿Es a este tipo de cosas que te refieres?»

James: «¿Alguna situación similar relativa a los estudios?»

María: «Ya sabes que repetí curso el año pasado, y así y todo todavía adeudo una materia de la que me tomarán examen el mes entrante.»

James: «María, ahora haz un ejercicio y mira en perspectiva lo que me acabas de contar: ¿cómo te ayuda todo esto a entender la actitud de tus padres?»

María: (Pensativa) «Pienso que tal vez algo de razón tienen. Pero se supone que los padres deben confiar en los hijos, ¿no es así?»

James: «Déjame que te explique un concepto: se llama "cuenta de integridad". Imagínate que la confianza es como una cuenta bancaria. Cada vez que cumplimos lo que decimos, o hacemos lo que nos proponemos, realizamos un depósito en nuestra cuenta. Cada vez que no cumplimos lo que decimos o no hacemos lo que nos proponemos, sacamos dinero de la cuenta. Entonces, ¿cuál es la clave del asunto?»

María: «No tengo cuenta bancaria, pero sí te entendí bien: ¡el reto es no estar en negativo en tu cuenta! Es decir, tener más ingresos que salidas y, en definitiva, tener números negros y no rojos.»

James: «Lo captaste perfectamente. Ahora, déjame hacerte una pregunta, y no hace falta que me respondas... ¿Cómo está tu cuenta de integridad, en números rojos o negros? Y ahora otra pregunta que sí me gustaría que contestaras: ¿cómo puedes hacer ingresos en tu cuenta para ganar más confianza con tus padres?»

María: «Entiendo. Lo que quieres decir es que tal vez mis padres, al ver que ha habido tantas cosas que he comenzado y no he acabado, ven mi cuenta como si estuviera escrita en números rojos. (Riendo) ¡Debo realizar depósitos, y de manera urgente!»

James: «¡Sí, antes que las autoridades fiscales te arresten! Pero hablando en serio, ¿qué cosas prácticas puedes hacer para ingresar dinero en tu cuenta?»

María: (Pensativa nuevamente) «Pienso en la materia de la que te hablé, la que tengo que aprobar el próximo mes. Si repruebo tendré que repetir otro año más, y eso arruinaría mi cuenta de integridad por mucho tiempo. Pero si apruebo esa la materia mis padres verán que me lo tomo en serio, y ese sería un buen depósito.»

James: «¡Sin duda lo sería! Y para asegurarnos de que no perdamos ese ingreso, ¿qué cosas prácticas puedes hacer para asegurarte de que pasarás la materia?»

María: «No es muy complicado, la materia no es difícil. Es cuestión de pereza. Si estudio un par de horas cada día tengo asegurado el pasar la materia y olvidarme para siempre de ella.»

James: «Estupendo. Además, el aprobar hará que sumes puntos en tu cuenta. Dime, ¿cuán motivada estás para estudiar dos horas cada día: poco, regular, mucho, o muchísimo?»

María: (Sonriendo) «Mucho, pero muy cerca de muchísimo.»

Ahora piensa...

1. Qué cosas hizo James

2. Qué cosas no hizo

3. De qué forma utilizó las herramientas básicas del coaching explicadas en este libro

4. De qué modo uso uno o todos los elementos del modelo COACH

5. Qué principios de trabajo puedes identificar

6. En qué situaciones familiares podría aplicarse lo aprendido por medio del estudio de este caso

CON LA MÚSICA NO SE GANA UNO LA VIDA

Juan Pablo lleva varias semanas discutiendo fuertemente con sus padres acerca de su futuro. Él quiere dedicarse a la música, invertir más horas en ensayar con su banda para poder dedicarse a esto profesionalmente, grabar un disco, hacer giras y todo eso. Sus padres insisten en que hoy en día nadie se gana la vida con la música, en que hay cien bandas como la suya o mejores, y en que debería estudiar arquitectura y unirse a su papá en la empresa de construcciones que él tiene. Nada más de pensarlo Juan Pablo se horroriza. Y lo mismo les sucede a sus padres cuando lo oyen hablar de ser músico.

James: «¿Así que llevan semanas discutiendo? Lo siento, lamento que las relaciones estén tensas entre ustedes.»

Juan Pablo: «Sí, mis padres están histéricos. No se puede hablar con ellos. Ni siquiera me escuchan cuando trato de explicarles.»

James: «Tengo una idea y me gustaría proponértela. Se trata de una técnica que usamos en coaching que se llama "mirar desde otra posición". Nos ayuda a ver las cosas desde otro punto de vista, sin tantas emociones involucradas. ¿Te gustaría intentarlo? Déjame que antes te advierta que solo funcionará si estás dispuesto a ser objetivo.»

Juan Pablo: «Está bien, prometo esforzarme».

James: «Aquí vamos. Imagínate que puedes hablar con tus papás sin que ellos te interrumpan, y que puedes decirles cualquier cosa que pienses respecto a este tema, ¿qué les dirías?.»

Juan Pablo: «Les diría que me escuchen. Simplemente eso, que escuchen. Que piensen y valoren las cosas que trato de comunicarles. Que no se cierren y que no reaccionen emocionalmente cada vez que surge el tema. Que hagan un esfuerzo por entender mis razones, porqué la música es importante para mí y para mi futuro.

James: «¿Por qué es importante para ti que te escuchen?»

Juan Pablo: (Pensativo) «Porque ahora no me siento escuchado. Porque siento que mis padres no tienen interés por las cosas que para mí son importantes, porque ni siquiera las consideran.»

James: «Imaginemos que tus padres escuchan y valoran lo que dices, pero sin embargo no están de acuerdo, ¿qué pasaría?.»

Juan Pablo: «No creo que me gustara, pero al menos me sentiría escuchado, y sentirse escuchado es sentirse valorado, cosa que ahora no sucede.»

James: «Bien. Ahora quiero que imagines que eres tu padre hablando contigo, con Juan Pablo. Como padre, ¿qué le dirías a Juan Pablo?»

Juan Pablo: (Muy pensativo) «Que tampoco escucha. Que está cerrado a toda propuesta de sus padres que no sea la música.»

James: «Sigue, por favor. ¿Qué más le diría papá a Juan Pablo si supiera que no será interrumpido?»

Juan Pablo: «Que valore las razones que le dan sus padres, que al menos las tome en consideración, y que busquen juntos alternativas... No sé, cosas así.»

James: «Continúa en el rol de padre, por favor. ¿Cómo reaccionarías si Juan Pablo siguiera insistiendo en la música como única alternativa?»

Juan Pablo: «No creo que me gustara, pero al menos estaría agradecido de haber sido escuchado y de ver consideradas mis propuestas.»

James: «Gracias, Juan Pablo. Puedes volver a ser tú mismo. Dime, ¿de qué te ha servido este ejercicio?»

Juan Pablo: «Pude ponerme en la piel de mis papás, y veo que he estado muy cerrado a cualquier alternativa que no sea la música. ¡Pero que conste que ellos tampoco escuchan!.»

James: «Lo sé, Juan Pablo, pero ahora se trata de ti, no de ellos. Se trata de lo que has podido percibir al ponerte en su lugar. ¿Algo más?»

Juan Pablo: «Debo escuchar más, lo reconozco, y tratar de entender sus puntos de vista, por qué dicen lo que dicen, qué les preocupa de mi futuro, y todo eso.»

James: «Ahora te voy a pedir que vayamos un paso más allá, ¿estás dispuesto?»

Juan Pablo: «¡Sí señor, dispuesto! Vamos hacia allá.»

James: «En este momento quiero que seas un observador neutral, una tercera persona, ni Juan Pablo ni sus papas, y que trates de aconsejar a ambos acerca de cómo resolver este conflicto. ¿Qué les dirías?»

Juan Pablo: (Muy pensativo) «Que se escuchen, que traten de encontrar un punto intermedio que satisfaga a ambos. Algo que permita que las dos partes estén contentas.»

James: «Ahora vuelves a ser Juan Pablo. ¿Cuál piensas que sería una buena solución intermedia?»

Juan Pablo: (Pensativo) «Para mis papás, que acabe la secundaria. Ellos insisten en que eso es lo mínimo, porque me garantiza el acceso a la universidad en el futuro, si lo deseo.»

James: «¿Y qué piensas al respecto?»

Juan Pablo: «Bueno, me parece razonable.»

James: «Y para Juan Pablo, ¿cuál sería una solución razonable?»

Juan Pablo: «Que me permitieran seguir ensayando todo el tiempo que quiera con la banda siempre y cuando mis resultados en la escuela sean satisfactorios.»

James: «Me parece razonable. ¿Qué piensas hacer ahora?»

Juan Pablo: «¡Hablar con mis papás al respecto!»

Ahora piensa...

1. Qué cosas hizo James

2. Qué cosas no hizo

3. De qué forma utilizó las herramientas básicas del coaching explicadas en este libro

4. De qué modo uso uno o todos los elementos del modelo COACH

5. Qué principios de trabajo puedes identificar

6. En qué situaciones familiares podría aplicarse lo aprendido por medio del estudio de este caso

NO TENGO AMIGOS EN EL COLEGIO

Carolina quiere cambiarse de colegio. Lleva dos años en este, pero no ha conseguido integrarse ni hacer amigos. Sigue insistiéndoles a sus padres en que la solución pasa por cambiarla a otra escuela. James habla del tema con ella.

James: «Tus padres me han dicho que llevas dos años en la misma escuela y que no tienes amigas allí, y que por eso quieres cambiarte de colegio. ¿Me explicas qué hace que sea tan difícil tener amistades allí?»

Carolina: «La gente es muy rara. No me siento identificada con nadie en mi clase. Unos son bastante estúpidos y superficiales, y los otros son ratas de biblioteca, solo pensando en estudiar y estudiar. Son muy diferentes a mí, no tienen nada que ver conmigo.»

James: «Y en tu opinión, ¿cuál sería la solución?»

Carolina: «Comenzar en un sitio nuevo, conocer gente diferente, gente que no sea como mis actuales compañeros de clase. Gente que sea normal.»

James: «Entiendo. Sin embargo, tus padres han dejado claro que no van a cambiarte. Primero, porque llevas ya dos meses de curso este año, y cambiar a mitad del mismo no es lo mejor. Segundo, porque piensan que comenzar en una escuela nueva no es lo mejor educativamente. Pero supongamos que cambiaras de escuela, ¿qué oportunidades te brindaría este cambio?»

Carolina: «Tendría gente normal, gente nueva con la que poder comenzar una relación.»

James: «Y una vez en la nueva escuela, ¿qué harías para hacerte amigos y amigas? ¿Cómo lo lograrías?»

Carolina: (Pensativa) «Supongo que simplemente pasaría... que nos haríamos amigos.»

James: «Imagina por un momento que esto no sucediera. Que llegas allí y todo el mundo ya tiene sus grupos formados, y no están muy abiertos a recibir a alguien nuevo y extraño.»

Carolina: «Dudo que eso pase.»

James: «Puede ser que no pase, o puede ser que si pase. Has de admitir, te guste o no, que esa es una posibilidad real. En ese caso, en el caso de que la gente de la nueva escuela no tomara la iniciativa, ¿qué harías para desarrollar amistades?»

Carolina: (Pensativa) «Es que no creo que ese caso de vaya a dar.»

James: «¿No crees o no quieres creer? Porque esto no depende de lo que tú creas o dejes de creer. Es algo que hay muchas posibilidades que suceda si la escuela a la que hipotéticamente vas es un sitio normal como cualquier otro. Así que insisto: ¿qué harías?»

Carolina: (Reticente) «Bueno, supongo que en ese caso yo tomaría la iniciativa. Intentaría acercarme a la gente...»

James: «¿Y qué pasaría si los nuevos compañeros no estuvieran receptivos a tus intentos de acercamiento? ¿Qué harías?»

Carolina: (Nuevamente pensativa) «Buscaría otras opciones, otros lugares donde relacionarme, como equipos deportivos, talleres de teatro, el periódico de la escuela, artes, no sé... Me espabilaría para desarrollar relaciones, ¿qué puedo hacer si no?»

James: «Me parece una muy buena estrategia. ¿Y qué te impidió hacerlo en esta escuela? Puedes ser honesta conmigo, sabes que no estoy aquí para juzgarte sino, al contrario, para ayudarte en lo que me sea posible.»

Carolina: «Bueno, al principio, hace dos años, mi actitud hacia la gente era muy negativa. No me gustaba la escuela y no quería asistir, ya que mis padres no me dejaron escoger. Ellos decidieron a dónde debía ir sin darme participación en la decisión. Entonces fui muy brusca y muy cortante con todo el mundo. No dejé que nadie se acercara a mí, ni tratara de hacerse amigo o amiga mía. El resultado es que ahora me siento totalmente aislada en la clase, y es muy pesado ir al colegio cada día.»

James: «Entiendo. Gracias por ser sincera conmigo. Considerando que no vas a poder cambiar de escuela porque la decisión de tus papás es firme al respecto, ¿qué podrías hacer para romper ese aislamiento que sufres en tu colegio?»

Carolina: (Pensativa) «Sería difícil, tendría que nadar contracorriente...»

James: «Estoy de acuerdo contigo pero, ¿qué puedes hacer? Está claro que no puedes seguir así.»

Carolina: «Tengo que cambiar mi actitud hacia la gente. Para ser honestos, no todo el mundo es estúpido. Hay algunos que sí, sin duda, pero creo que también hay buena gente. Varios incluso me han ayudado en alguna ocasión. Creo que puedo tomar la iniciativa de tratar de relacionarme con mis compañeros a la hora del descanso. No me gusta la idea, pero creo que es mejor que estar sola. Y también puedo intentar la cuestión del deporte. Todo el tiempo están pidiendo gente para los diferentes equipos. Podría ser una buena manera de tener un nuevo comienzo.»

James: «¡Suenan como buenas ideas! ¿Cuán motivada estás para hacerlo?»

Carolina: «Me da mucha pereza y sé que me costará, pero aún me quedan dos años de secundaria, y si tengo que seguir aquí, o cambio o será muy, pero muy duro.»

Ahora piensa...

1. Qué cosas hizo James

2. Qué cosas no hizo

3. De qué forma utilizó las herramientas básicas del coaching explicadas en este libro

4. De qué modo uso uno o todos los elementos del modelo COACH

5. Qué principios de trabajo puedes identificar

6. En qué situaciones familiares podría aplicarse lo aprendido por medio del estudio de este caso

CIBERSEXO

James tiene una capacidad fuera de lo común para ganarse la confianza de los adolescentes. Una de las cosas que sin duda le ayuda es su honestidad y transparencia a la hora de hablar de sus propios retos y desafíos como seguidor de Jesús. Esta conversación con Fernando, un adolescente de 16 años, versa acerca del sexo a un clic de distancia en Internet.

James: «Fernando, yo diría que no conozco a ni un solo cristiano que no haya explorado el sexo en Internet a tu edad. La cuestión para mí es cómo te está afectando.»

Fernando: «Solo miro pornografía de manera esporádica, no creas que estoy enganchado... únicamente lo hago de tanto en tanto.»

James: «No sé cuánto control tienes tú, pero yo cuando veía pornografía siempre me masturbaba, ¿a ti no te pasa?»

Fernando: (Colorado como un tomate) «Bueno, a veces... pero no siempre, que conste en actas.»

James: «No dudo de tu palabra en absoluto. Y dime, ¿cómo te sientes después de hacer ambas cosas?»

Fernando: (Dubitativo) «Bueno, la verdad es que no muy bien. Me siento muy culpable y avergonzado. Me siento mal por haberlo hecho, y me prometo a mí mismo que no volverá a suceder.»

James: «Pero vuelve a suceder, ¿no es así?»

Fernando: «Lamentablemente sí.»

James: «¿Y cómo te hace sentir eso?»

Fernando: «Puedes imaginarlo. Es como una espiral de culpa, vergüenza, promesas, vuelta a caer, y así vez tras vez.»

James: «Fernando, ahora, al margen de que sea pecado o no, sin entrar en ese tema porque creo que lo tienes suficientemente claro, ¿qué te hace pensar el hecho de que decides que no harás algo y luego vuelves a hacerlo una y otra vez?»

Fernando: «¿Qué estoy perdiendo el control?»

James: «Hablemos honestamente, sé sincero contigo mismo. ¿Tú que crees, qué dirías?»

Fernando: «Pues... que si no he perdido el control, estoy cerca de perderlo, ¿verdad?»

James: «Yo diría eso, pero nadie se conoce mejor que uno mismo. Solo tú con honestidad puedes contestarte esa pregunta. Pero también puedes engañarte a ti mismo.»

Fernando: «¡Tienes razón, pero la verdad es que no sé qué hacer! Me veo sin fuerza de voluntad, y ahora que hablamos de esto me doy cuenta que la cosa es más sería de lo que yo pensaba.»

James: «Te entiendo perfectamente. El primer paso es que desees hacer algo al respecto. Y el segundo paso sería preguntarte a ti mismo: ¿qué podría ayudarme a dejar este hábito?»

Fernando: «¡Querer sí que quiero! Eso lo tengo claro, pero en las noches, en mi cuarto, cuando estoy delante de la computadora, pierdo con mucha frecuencia el control. Lo ideal sería tener la computadora fuera de mi cuarto, pero no lo veo viable. ¡Necesito ayuda pero no sé qué hacer!»

James: «Hay algunos de tus amigos del grupo de jóvenes que han trabajado bien sobre el tema, y estoy seguro de que hablan entre ustedes. ¿Qué hacen ellos?»

Fernando: «Son más los que tienen problemas de los que tú sabes, pero es cierto que algunos están tomando cartas en el asunto... Miguel y Arturo me han comentado de un software que impide el acceso, y de otro que les envía alertas a personas que has escogido previamente, cuando visitas páginas indebidas.»

James: «Conociéndote como te conoces, ¿cuál sería la mejor opción para ti?»

Fernando: (Pensativo) «La primera no funcionaría. Estoy seguro de que desconectaría el filtro a la primera oportunidad, o cuando sintiera suficiente ansiedad. Creo que mas bien la segunda.»

James: «He oído hablar de esos sistemas. ¿Qué personas te gustaría que recibieran los avisos si hicieras algo indebido? ¿Quiénes serían las personas más apropiadas?»

Fernando: «Mis amigos no, desde luego. Tú, si estas dispuesto, podrías ser uno, y Lucía podría ser otra de las personas.»

James: «Gracias por confiar en mí. Por mi parte, estoy dispuesto. Es interesante que hayas pensado también en Lucia. ¿Cuál fue el motivo para elegirla a ella?»

Fernando: «Bueno, Lucia es una buena amiga mía, alguien con quien tengo mucha confianza, aunque no sabe nada de mis visitas cibernéticas. Y además, como bien sabes, Lucia es una feminista militante, en el buen sentido del término. Ella piensa que la pornografía degrada la dignidad de la mujer y que los que la consumen son unos cochinos y degenerados. Creo que la vergüenza que pasaría si ella recibiera un aviso de que he visitado páginas inadecuadas no me compensaría del placer que esas páginas pudieran proporcionarme.»

James: «Bien pensado, pero tendrás que explicárselo muy bien. ¿Cuándo pondrás en marcha ese software y cuándo hablarás con Lucia?»

Fernando: «Bueno, no puedo poner en marcha el software sin antes hablar con Lucia... y para eso sí que voy a necesitar tu ayuda, para saber cómo plantéarselo. ¿Puedo contar contigo?»

James: «¡Por supuestísimo!»

Ahora piensa...

1. Qué cosas hizo James

2. Qué cosas no hizo

3. De qué forma utilizó las herramientas básicas del coaching explicadas en este libro

4. De qué modo uso uno o todos los elementos del modelo COACH

5. Qué principios de trabajo puedes identificar

6. En qué situaciones familiares podría aplicarse lo aprendido por medio del estudio de este caso

AUTOESTIMA

Nadie diría que Wilson tiene problemas de autoestima. Es un buen muchacho, un buen deportista, y es estimado por sus amigos de la secundaria y también por los de la iglesia. Sin embargo él se siente inseguro, se está volviendo más y más retraído, y en la escuela está teniendo cada vez peor rendimiento escolar. De hecho, se está planteando dejar de estudiar y ponerse a trabajar, pues se ve incapaz de salir adelante estudiando en la universidad.

James: «¿Así que estás pensando en dejar la secundaria y ponerte a trabajar de, en tus propias palabras, "cualquier cosa"? Explícame cómo has llegado a esa decisión.»

Wilson: «Bueno, voy retrasado en los estudios, como bien sabes. Todos mis amigos están más adelantados que yo, veo que ellos son buenos para estudiar y yo no. Nos vamos distanciando y no le veo solución...»

James: «Déjame ver si te entendí bien. Has dicho que tus amigos sirven para estudiar pero tú no. Y también que ellos van progresando pero tú te quedas atrás y que, por eso, has decidido dejar de estudiar y renunciar a la secundaria y también a la universidad. ¿Te entendí bien?»

Wilson: «Sí, me entendiste. Es un abismo insalvable.»

James: «Es cierto que todos tus amigos están en la universidad. Sin embargo, a ti solo te faltan dos materias para acabar la secundaria ¿Qué te hace pensar que no podrás aprobarlas?»

Wilson: «Bueno, el año pasado no pude aprobarlas, y este año veo que me va a pasar lo mismo.»

James: «¿Y por qué no pasaste las materias el año pasado? Te lo preguntaré de otro modo: ¿Estudiaste lo suficiente para los exámenes?»

Wilson: «No, no lo hice.»

James: «¡Ah! ¿Y qué crees que hubiera pasado si hubieras dedicado más tiempo a estudiar?»

Wilson: «Igualmente hubiera desaprobado.»

James: «¿Y cómo estás tan seguro de eso?»

Wilson: «Creo que ya te lo he dicho: no soy bueno para estudiar.»

James: «Ahora te pido que escuches por un momento lo que estás diciendo: "Pienso que no soy bueno para estudiar. Por lo tanto, no estudio. Por lo tanto, no apruebo la materia. Por lo tanto, confirmo que soy un mal estudiante." ¡Eso se llama una profecía auto cumplida!»

Wilson: «No te entiendo. ¿Qué quieres decir?»

James: «Trataré de explicarlo mejor. Una persona tiene una idea determinada, que puede estar o no basada en la realidad. En tu caso, que no sirves para estudiar. Como la persona percibe la realidad de ese modo, actúa en función de lo que cree, no en función de la realidad. En tu caso, como piensas que no sirves para estudiar, no estudias, y por eso desapruebas los exámenes. Crees que eres mal alumno, y entonces haces todo lo necesario para asegurarte de que así sea.»

Wilson: «Entiendo lo que dices, ¡pero es que yo verdaderamente no sirvo para estudiar!»

James: «Ja, sin duda... ¡por eso estás únicamente a dos materias de entrar en la universidad! Sólo dos materias te separan de tus amigos pero, según tú, no sirves para ser universitario. ¿Cómo es que has llegado hasta aquí aprobando toda la escuela primaria y casi toda la secundaria?»

Wilson: «No ha sido por méritos propios, ha sido la ayuda de mis padres.»

James: «¡Vaya, no sabía que en tu escuela permiten que los padres vayan a los exámenes en lugar de sus hijos! ¡Fantástica escuela! Lástima que la mía no era así...»

Wilson: «No me refiero a eso. Quiero decir que, sin mis padres que todo el tiempo me estaban animando y presionando para estudiar, no lo hubiera conseguido.»

James: «Entonces fuiste tú quien aprobó, no fueron tus padres. Parece que no eres tan tonto como crees.»

Wilson: «Pero mi escuela secundaria era más fácil que la de mis amigos. Yo estudio humanidades, y ellos hicieron ciencias. No es lo mismo.»

James: «Gracias, Wilson, ahora sí que la has acabado de arreglar. Estás diciendo que los que hemos estudiado humanidades en la secundaria y en la universidad somos retrasados, gente poco desarrollada intelectualmente, y que hacemos esto porque no servimos para otra cosa. Gracias por tus elogios y por la alta estima que tienes de mí...»

Wilson: «No quería decir eso. Quise decir que no es tan complicado. Tú me entiendes.»

James: «Lo que entiendo es que te saboteas a ti mismo, y que tus pensamientos no tienen nada que ver con la realidad. Lo que entiendo es que tus amigos solo van un año delante de ti, y que eso se debe a que, en tus propias palabras, no estudiaste lo suficiente. Lo que entiendo, Wilson, es que tu idea de ti mismo no tiene nada que ver con quien eres en verdad. A ver, ahora piénsalo bien y dime: ¿cuál es la realidad?»

Wilson: «Bueno, que he aprobado toda la secundaria menos dos materias, pero...»

James: «Wilson, sin peros.»

Wilson: «Que si hubiera estudiado seguramente hubiera aprobado estas dos materias, y que si les dedico suficiente tiempo puedo aprobarlas.»

James: «Y si las aprobaras, ¿qué pasaría?»

Wilson: «Que podría ir a la universidad, pero seguro que allí no podría aprobar los exámenes.»

James: «Wilson, no comiences de nuevo. ¿En qué te estás basando para hacer semejante afirmación?»

Wilson: «¿En mi percepción equivocada?»

James: «¿Tú qué crees?»

Wilson: «Que puede ser... Pero, ¿qué hago al respecto?»

James: «Ya has dado el primer paso: reconocer la posibilidad de que haya una desconexión entre lo que piensas y la realidad. ¿Cuál crees que sería el segundo paso?»

Wilson: «Estudiar para pasar las materias.»

James: «¡Sin duda! ¿Y qué crees que pasará si dedicas tiempo a estudiar?»

Wilson: «Creo que puedo aprobar.»

James: «Perfecto. Dime, ¿cómo puedo ayudarte? Y por favor no me pidas que me presente por ti al examen como lo hicieron tus padres, jajajaja.»

Wilson: «No te burles de mí. Me podrías ayudar si me vas controlando, y si seguimos hablando como hoy para que no me salga del plan, ¿te parece?»

James: «Me parece muy bien.»

Ahora piensa...

1. Qué cosas hizo James

2. Qué cosas no hizo

3. De qué forma utilizó las herramientas básicas del coaching explicadas en este libro

4. De qué modo uso uno o todos los elementos del modelo COACH

5. Qué principios de trabajo puedes identificar

6. En qué situaciones familiares podría aplicarse lo aprendido por medio del estudio de este caso

SITUACIONES DE RODRIGO

MI TRABAJO, MI MINISTERIO

Camilo es un brillante ingeniero que pertenece al grupo de universitarios de Rodrigo. En un par de semestres acabará sus estudios universitarios y su preocupación radica en cómo puede servir al Señor por medio de esto que le apasiona pero que no tiene, según su perspectiva, nada que ver con el servicio a Dios. Camilo comparte sus inquietudes con su líder esperando que él pueda ayudarle a encontrar una conexión entre su fe y su vocación.

Rodrigo: «¡No lo puedo creer, Camilo, un par de semestres y serás todo un ingeniero civil! ¡Me siento muy orgulloso de ti!»

Camilo: «Gracias, Rodrigo. Ha sido duro pero también me siento muy satisfecho. Sin embargo, ya sabes lo que preocupa. No tengo ni idea de cómo un ingeniero puede servir al Señor por medio de su profesión. Me es mucho más fácil verlo en un médico, un psicólogo, un trabajador social, no sé... hay muchas profesiones en las que puedes servir a otros. Pero un ingeniero civil...»

Rodrigo: «Hemos hablado en muchas ocasiones de que somos agentes de restauración de parte de Dios en un mundo roto.»

Camilo: (Interrumpiendo a Rodrigo) «Ya lo sé, Rodrigo. Lo has explicado en muchas ocasiones en las reuniones del grupo de universitarios. Soy consciente de que este mundo en el que nos ha tocado vivir no es para nada el que el

Señor tenía en mente. Sé que la corrupción, la injusticia, los abusos, la pobreza, la desigualdad, la violencia y tantas y tantas cosas que nos rodean están en contra de Dios y su voluntad... ¿Pero qué tiene que ver esto con mi problema?»

Rodrigo: «¿Recuerdas lo que hablamos acerca del llamamiento? Estoy seguro que sí. ¿Cómo podría relacionarse esto con servir al Señor a través de tu profesión?»

Camilo: «Bueno, tú siempre nos has dicho que todos somos llamados a construir el Reino de Dios y que cada uno lo hace desde una esfera diferente.»

Rodrigo: «Vas muy bien ¿Qué más?»

Camilo: «También nos has hecho comprender que tu llamado, aunque estés en el servicio cristiano, no es mejor que el mío, aunque yo sea un ingeniero civil. Siempre insistes en que son llamados diferentes pero no cualitativamente superiores el uno al otro. Nos dices que tú sirves en la iglesia y que nosotros debemos servir en el mundo.»

Rodrigo: «Muy bien. Ahora piensa, por favor, en todo lo que me has dicho: ser agente de restauración, servir por medio de tu profesión... ¿Cómo te pueden ayudar estos conceptos en tu búsqueda de cómo servir a Dios por medio de tu profesión.»

Camilo: (Pensativo y en silencio durante un rato) «Para ser honestos, en algo me ayudan. Veo que debo ser más consciente de esas dos verdades: primero, que soy un agente de restauración, y segundo, que mi profesión y mi lugar de trabajo, sea el que sea, es, más bien será mi ámbito de servicio. ¿Tiene sentido lo que estoy diciendo?»

Rodrigo: «¡Sin duda que lo tiene! ¿Y cómo se aplica esto a tu situación particular?»

Camilo: (Pensativo) «Me doy cuenta de que será un proceso... Quiero decir, cuando esté en mi futuro lugar de trabajo tendré que aprender a discernir cómo puedo vivir allí siendo un agente de restauración, y cómo puedo construir el Reino en ese contexto. ¡Creo que si voy con la mentalidad correcta encontraré las oportunidades que Dios crea convenientes!»

Rodrigo: «¡Estoy convencido de ello! Todos debemos hacer eso. Incluso yo mismo, aunque este sirviendo en el ámbito de la iglesia, debo de discernir ambas cosas: cómo ser un agente de restauración y cómo ser un constructor del Reino.»

Camilo: «Para ti es más fácil... Estás todo el día con las cosas del Señor.»

Rodrigo: «Precisamente, lo que es mucho más fácil es caer en la rutina, volverte mecánico y perder de vista al Señor, lo creas o no. Pero me gustaría hacerte otra pregunta.»

Camilo: «Dispara ya.»

Rodrigo: «Déjame que te lea un fragmento de la Biblia que está en la carta que Pablo escribió a los seguidores de Jesús de la antigua ciudad de Colosas. Es el capítulo 3, párrafo 23. Dice así: *"Pongan el corazón en lo que hagan, como si lo hicieran para el Señor y no para gente mortal".* ¿Qué significa esto para un ingeniero civil llevando a cabo su oficio en su lugar de trabajo?»

Camilo: (Pensativo) «Ya lo capto. Debo hacer el trabajo como si mi jefe fuera el Señor, como si lo hiciera única y exclusivamente para Él, como si fuera Él quien debe darme la aprobación.»

Rodrigo: «¡Exacto! ¿Y qué te hace pensar la expresión de Pablo: *"pongan el corazón"*?»

Camilo: «Me hace pensar en hacerlo con cariño, con excelencia, de la mejor manera posible. De hecho, me hace pensar en llevarlo a cabo como si fuera una ofrenda presentada al mismo Dios. ¡Nunca se me había ocurrido esto!»

Rodrigo: «Y precisamente eso es lo que quiere decir el apóstol. Que todo, incluido, o más bien especialmente, el trabajo, se vuelve sagrado cuando se hace para Dios y poniendo en ello el corazón. Camilo, de todo lo que hemos hablado, ¿qué te llevas? ¿Qué ha sido lo más significativo para ti?»

Camilo: «Bueno, estoy muy agradecido por la conversación. Me llevo el no olvidar mi identidad como restaurador y constructor del Reino. También que, en su momento, Dios me dará discernimiento acerca de cómo vivir estas verdades en mi futuro lugar de trabajo. Y también, y esto nunca lo había pensado, el hecho de que mi trabajo puede ser mi ofrenda al Señor. No sé... como un acto de adoración y alabanza, si lo hago poniendo el corazón.»

Ahora piensa...

1. Qué cosas hizo Rodrigo

2. Qué cosas no hizo

3. De qué forma utilizó las herramientas básicas del coaching explicadas en este libro

4. De qué modo uso uno o todos los elementos del modelo COACH

5. Qué principios de trabajo puedes identificar

6. En qué situaciones familiares podría aplicarse lo aprendido por medio del estudio de este caso

ESCOGER UN TRABAJO

Adela terminó hace tres meses la universidad y debido a su brillante trayectoria académica tiene varias ofertas de trabajo. ¡Jamás pensó que tener varias opciones se iba a convertir en un problema! Pero ahora tiene que decidir cuál de ellas tomar y no quiere errar el camino, ya que lo que ella desea es seguir la voluntad del Señor para su vida.

Rodrigo: «Bien, Adela, ayúdame a entender qué es lo que realmente te preocupa, pues es una bendición poder tener varias opciones de trabajo.»

Adela: «Lo sé, Rodrigo, pero ahí está precisamente el problema... ¿por cuál de ellas debería optar? ¿Cómo distingo cuál es la voluntad del Señor para mi vida en este sentido?»

Rodrigo: «Veamos, ¿qué dice la Biblia al respecto, qué orientación encuentras en ella?»

Adela: «Ese es otro problema: ¡no puedo encontrar ni un solo pasaje que me ayude en este sentido! Parece como si al Señor no le hubiera parecido importante este tema, lo cual en verdad me parece muy extraño considerando que nos pasamos media vida trabajando...»

Rodrigo: «Tienes razón, yo tampoco puedo pensar en ningún pasaje que le ayude a uno a decidirse por un trabajo. Entonces, si en la Biblia no hay nada explícito, o al menos nada que recordemos, ¿qué criterios crees que deberías usar para tomar esta decisión? Aunque no vengan a tu mente versículos relacionados de forma directa con el tema, ¿qué otros pasajes o principios bíblicos crees que podrían darte una orientación general?»

Adela: (Pensativa) «Bueno, pienso que no debería de tomar ningún trabajo que me obligue a hacer cosas que vayan en contra de mi conciencia como seguidora de Jesús... ¿Te refieres a cosas así?»

Rodrigo: «¡Exactamente! ¿Qué otras cuestiones deberías considerar al tomar tu decisión?»

Adela: «¿El tiempo?»

Rodrigo: «¿Qué quieres decir con "el tiempo"?»

Adela: «Bueno, el comentario que me hiciste me ha hecho pensar que no quiero un trabajo que colapse mi horario y no me permita tener tiempo para mí, para la familia y, naturalmente, para seguir ayudando en las cosas de la iglesia.»

Rodrigo: «Buen criterio. ¿Algún otro?»

Adela: (Pensativa) «Pienso en oportunidades de relacionarme con personas. A mí me gusta ser un agente de restauración en mi entorno, tú lo sabes bien. Me gustaría un trabajo que me permita tener relación con personas y, en la medida de lo posible, ser de bendición para ellas. No quiero un trabajo que no tenga que ver con interactuar con gente.»

Rodrigo: «¡Bien, Adela! Hasta ahora me has mencionado: respeto a tu conciencia, tiempo para ti y para tu ministerio, y trabajar con gente. ¿Qué otros criterios podrías tener en cuenta a la hora de decidir?»

Adela: (Sonriendo) «Me da un poco de vergüenza, porque no son cosas muy espirituales, pero si los otros tres requisitos se dan, es decir, en igualdad de condiciones, yo optaría por un trabajo que estuviera mejor pago y que me diera más oportunidades de progresar.»

Rodrigo: «Es muy buen criterio combinado con los anteriores, y no hay razón para que te avergüences. A los ojos del Señor, todo es espiritual... depende de la actitud del corazón. Lo que dices es totalmente razonable. ¿Algún otro criterio o principio que piensas que deberías tener en cuenta?»

Adela: «No se me ocurre ningún otro... ¿qué piensas tú?»

Rodrigo: «Adela, no importa lo que yo piense. Lo que realmente cuenta es lo que tú pienses. Pero puedo hacerte otra pregunta que tal vez te ayude en algo. Cuando has tomado decisiones importantes en el pasado, ¿qué contribuyó a que te inclinaras por una opción u otra?»

Adela: «¡Buena pregunta! Veamos... nunca he tomado una decisión sin sentir paz de parte del Señor. Y esa paz, por lo general, ha venido después de orar y presentar al Señor las diferentes opciones.»

Rodrigo: «Me parece genial. Entonces, ¿cómo deberías proceder para tomar una decisión con relación a las ofertas de trabajo que tienes? ¿Qué pasos vas a dar?»

Adela: «Bueno, primero voy a pasar las diferentes ofertas por el filtro de los criterios que hemos hablado. Creo que un par de ellas caerán por su propio peso. Después oraré respecto a las que quedan, nuevamente a la luz de esos criterios. Eso me ayudará a priorizarlas. Y, una vez priorizadas, oraré al Señor y me decidiré por aquella con la que sienta más paz. ¿Qué te parece?»

Rodrigo: «¡Me parece un buen plan! ¿Para cuándo quieres tener la decisión tomada?»

Adela: «A más tardar en dos semanas. ¡Ya te contaré!»

Ahora piensa...

1. Qué cosas hizo Rodrigo
2. Qué cosas no hizo
3. De qué forma utilizó las herramientas básicas del coaching explicadas en este libro
4. De qué modo uso uno o todos los elementos del modelo COACH
5. Qué principios de trabajo puedes identificar
6. En qué situaciones familiares podría aplicarse lo aprendido por medio del estudio de este caso

SITUACIONES ÉTICAS

Gerardo trabaja para una empresa de telecomunicaciones que tiene una política de ventas muy agresiva. Esta empresa trata de ganar clientes sin importar que, en ocasiones, no se respeten las normas éticas. Gerardo se ha ido sintiendo más y más incómodo con ciertas situaciones que, según él relata, violan su conciencia y le hacen sentir mal.

Rodrigo: «Ayúdame a entender el problema, por favor.»

Gerardo: «Hay prácticas de mi jefe que me hacen sentir muy incómodo y me crean problemas de conciencia.»

Rodrigo: «¿Puedes explicarme alguna de ellas para poder comprender mejor tu situación?»

Gerardo: «¡Por supuesto! Ayer, sin ir más lejos, Silvio, mi director, me ordenó que le dijera a un potencial cliente que, sin ninguna duda, le podríamos entregar un pedido de componentes electrónicos para la fecha que él precisaba. Pero la realidad era que mi jefe sabía que eso era totalmente imposible. Yo tuve que decirle todo eso al cliente *sabiendo* que lo que le estaba prometiendo no se iba a cumplir. Y este es tan solo uno de los muchos ejemplos que podría darte...»

Rodrigo: «Gracias por aclarármelo. ¿Cómo te hacen sentir estas situaciones?»

Gerardo: «¡Fatal! No me gusta, va contra mis principios, siento que deshonro al Señor y, además, creo que es una mala práctica para la empresa, pues aunque a corto plazo parece beneficiarnos, a mediano y largo plazo ya he visto que nos perjudica y nos crea una imagen de poca seriedad y confianza.»

Rodrigo: «¿Y qué opciones ves, qué puedes hacer?»

Gerardo: «No sé, pero a menos que encuentre alguna solución pronto tendré que pensar seriamente en dejar este trabajo. No puedo vivir con esta tensión permanente.»

Rodrigo: «Hace unos meses estuvimos leyendo la historia de Daniel y su deportación desde Judá hasta Babilonia, y todo el episodio de no contaminarse con la comida del rey, ¿lo recuerdas?»

Gerardo: «Con total claridad. Nunca me había planteado el hecho de que Daniel sirvió, y de forma excelente, a un régimen político corrupto y opresivo. Esa historia me dio mucho que pensar.»

Rodrigo: «Ahora me gustaría que por un momento pensaras en el capítulo primero, cuando Daniel y sus amigos, Sadrac, Mesac y Abed-negó... ¡es curioso, tengo memorizado el nombre nuevo que les dieron, pero no el antiguo! Pero volvamos al tema, que si no me voy por la tangente. Bueno, hablaba de que Daniel y sus compañeros tuvieron que afrontar un serio dilema ético... ¿Qué principios encuentras en este pasaje que podrían darte luz acerca de cómo actuar en tú situación?»

Gerardo: (Pensativo) «En primer lugar, veo que todos ellos tomaron la decisión de no contaminarse. En segundo lugar, le ofrecieron al oficial del rey un "plan B", por decirlo de alguna manera. Finalmente, le pidieron un margen de tiempo para probar si su plan funcionaba y cuáles eran los resultados.»

Rodrigo: «Ciertamente has identificado con mucha claridad los principios que aparecen en el primer capítulo de Daniel. Ahora, piensa en tu situación: ¿cómo podrías aplicarlos?»

Gerardo: (Nuevamente pensativo) «Siguiendo los pasos en el mismo orden, creo que el primero ya lo he tomado. No voy a seguir bailando con la música que mi jefe toca. En otras palabras, no voy a seguir más sus prácticas deshonestas.»

Rodrigo: «Muy bien, Gerardo. ¿Y qué otras aplicaciones ves?»

Gerardo: «Para ser honesto, nunca antes había pensado en la posibilidad de idear un "plan B".»

Rodrigo: «Bueno, piénsalo. ¿Cómo sería un "plan B" para esta situación?»

Gerardo: «Bien, como te dije hace un momento, nunca lo había pensado, pero creo que es algo que puede funcionar. O, al menos, puedo intentarlo. Le voy a decir a mi jefe que a partir de ahora yo seré honesto y transparente con los clientes que estén bajo mi responsabilidad. Que siempre les diré la verdad con respecto a precios, fechas, condiciones, etc. Y también le propondré que me dé un margen de tiempo para ver qué tipo de resultados obtengo. Yo creo que las ventas no bajarán, sino al contrario. Pero el tiempo dirá si mi política es la correcta. Tengo que pulir más los detalles del plan, pero creo que puedo seguir el ejemplo de Daniel y proponer una alternativa y un tiempo para demostrar que funciona.»

Rodrigo: «Suena bien. ¿Cuál anticipas que puede ser la respuesta de tu jefe?»

Gerardo: «A mi jefe le tienen sin cuidado los planteamientos de tipo ético. Sin embargo, le preocupan los resultados, y no querrá perderme porque sabe que soy un buen elemento de su equipo. En tanto los números no fallen, pienso que estará dispuesto a darme una oportunidad y un margen de tiempo.»

Rodrigo: «Y conociendo tu mercado, ¿cuál crees que será el resultado de tu "plan B"?»

Gerardo: «A decir verdad, creo que saldrá bien. Además estoy convencido de que el Señor honra a aquellos que le honran, así que los números no sufrirán, sino todo lo contrario. Pero incluso si no salieran bien las cosas, tengo paz respecto a este curso de acción. Gracias. Me ha ayudado mucho el poder hablar contigo para poner en orden mis pensamientos y tener un plan de acción, algo que hasta ahora no había podido idear.»

Rodrigo: «Me alegro mucho, Gerardo. ¿Cuál será tu próximo paso?»

Gerardo: «Pedirle una entrevista a mi jefe. Eso me obligará a prepararme bien y a diseñar en detalle mi "plan B".»

Rodrigo: «¿Cuándo le pedirás la entrevista?»

Gerardo: «Dentro de tres días tengo una breve reunión con él, y allí se la pediré.»

Rodrigo: «¡Perfecto! Ya me contarás luego cómo te fue.»

Gerardo: «¡No lo dudes!»

Ahora piensa...

1. Qué cosas hizo Rodrigo
2. Qué cosas no hizo
3. De qué forma utilizó las herramientas básicas del coaching explicadas en este libro
4. De qué modo uso uno o todos los elementos del modelo COACH
5. Qué principios de trabajo puedes identificar
6. En qué situaciones familiares podría aplicarse lo aprendido por medio del estudio de este caso

CRECIMIENTO ESPIRITUAL

Al comienzo de cada curso universitario Rodrigo tiene una charla personal con cada uno de los universitarios de su grupo. El propósito siempre es, además de saber cómo están y cómo va su relación con Jesús, poder trabajar las metas de desarrollo espiritual para el próximo curso. El encuentro con Patricio siempre es especial porque él es una auténtica «anguila». Es muy escurridizo y siempre cuesta concretar las cosas con él.

Rodrigo: «Parece mentira pero ya comienza un nuevo curso... ¡Dos más y ya acabas tu Licenciatura en Geología!»

Patricio: «Pues sí, ya tengo ganas de acabar... ¡la vida universitaria es muy dura, jajaja!»

Rodrigo: «¡Oooh, qué pena me das, jaja! Por cierto, para cuando acabe este nuevo curso, ¿qué te gustaría haber conseguido en tu crecimiento espiritual?»

Patricio: «Durante estos meses quiero trabajar el tema de la santidad. Cuando acabe el curso quiero ser más santo, pues, al fin y al cabo, la Palabra afirma que sin la santidad nadie verá al Señor...»

Rodrigo: «¡Cada año me vienes con la misma historia! Por favor, ayúdame a entender qué significa para ti ser más santo.»

Patricio: «Hombre, ser más santo es, con el correr de los años, terminar siendo más espiritual.»

Rodrigo: «¿No me digas? ¿Y qué significa para ti ser más espiritual?»

Patricio: (Pensativo) «No, en serio, tú sabes a lo que me refiero. Si soy más espiritual me pareceré más a Jesús en mi manera de vivir.»

Rodrigo: «Fíjate que eso me parece algo más práctico: ser más parecido a Jesús en tu forma de vivir. Entonces, cuando esto haya acontecido, es decir, al final del curso universitario, ¿en qué modo práctico habrá cambiado tu forma de vivir de modo que te parezcas más a Jesús? ¿Qué será diferente, qué verán los demás en ti que ahora no ven?»

Patricio: (Mucho más pensativo que antes) «Bueno... últimamente he estado reflexionando sobre el tema de mostrar más gracia a otros.»

Rodrigo: «Explícame un poco más, ayúdame a entenderlo.»

Patricio: «He vivido un par de situaciones durante estas últimas semanas en las que de verdad el Señor me ha llamado la atención. Me he dado cuenta de que soy muy legalista, muy crítico y a veces muy negativo con las personas. Siempre estoy orientado a lo negativo y me cuesta ver cosas positivas en las personas y ser misericordioso con ellas. Me he notado juzgando a otros en cosas en las que me disculpo y justifico en mi propia vida. ¡Soy un justiciero enmascarado! A eso me refiero cuando afirmo que necesito más gracia.»

Rodrigo: «Aprecio tu sinceridad al compartir esto conmigo. Ahora déjame hacerte una pregunta: ¿Qué será diferente en ti si la gracia se desarrolla en tu vida?»

Patricio: «Bueno, yo veo que Jesús no juzgaba a la gente, no la despreciaba, sino por el contrario, la trataba con dignidad y respeto sin tener en cuenta quiénes eran ni cuál era su conducta. Creo que si me parezco más a Jesús, al final de este curso mi trato con las personas será diferente, juzgaré menos, trataré de comprender más, seré más sensible... No sé que más decirte, es cuestión de comenzar, pero eso es lo que quiero lograr.»

Rodrigo: «¿Y cuál sería el primer paso para trabajar esto en tu vida?»

Patricio: «Ahora soy consciente del problema. Muchas veces me sorprendo a mí mismo teniendo ese tipo de pensamientos negativos y legalistas sobre las personas. Antes ni siquiera tenía sensibilidad. Ahora, al menos, lo reconozco, me doy cuenta, y me siento mal.»

Rodrigo: «¿Sabes? Hace falta más valor para reconocer un error que para mantenerlo. Entonces, ¿qué crees que deberías hacer con esos sentimientos cuando aparezcan?»

Patricio: «No sé. Por ahora trato de evitarlos, de desterrarlos de mi mente.»

Rodrigo: «¿Me permites una sugerencia?»

Patricio: «¡Claro! Cualquier idea es bienvenida. Dispara.»

Rodrigo: «¿Qué pasaría si en vez de reprimirlos o, como decías tú, desterrarlos de tu mente, los reconocieras, les pusieras nombre y apellido, y se los entregaras al Señor?»

Patricio: (Pensativo) «Si entendí bien lo que me estás sugiriendo, la idea es que no niegue que tengo estos pensamientos, sino mas bien que hable de ellos con el Señor. Tiene sentido, lo voy a intentar. Hasta ahora simplemente los ahuyentaba. Pienso que me puede ser de mucha ayuda el sincerarme con Dios respecto a lo que siento.»

Rodrigo: «¿De qué forma crees que puede ayudarte esto?»

Patricio: «Bueno, hablar las cosas siempre es de ayuda. Y comentarle al Señor lo que siento me permitirá ser honesto conmigo mismo, expresar lo que siento en lugar de intentar ocultarlo, y poder pedirle ayuda para experimentar su gracia y dársela a otros. Verbalizarlo con Dios hará que el tema esté abierto y yo no pierda la sensibilidad ni me justifique.»

Rodrigo: «¿Te sería de ayuda que de tanto en tanto yo te pregunte qué progresos estás haciendo?»

Patricio: «Me sería de mucha ayuda. ¡Por favor, no dejes de hacerlo!»

Ahora piensa...

1. Qué cosas hizo Rodrigo

2. Qué cosas no hizo

3. De qué forma utilizó las herramientas básicas del coaching explicadas en este libro

4. De qué modo uso uno o todos los elementos del modelo COACH

5. Qué principios de trabajo puedes identificar

6. En qué situaciones familiares podría aplicarse lo aprendido por medio del estudio de este caso

VIDA EN EL CAMPUS

Rebeca proviene de una pequeña ciudad del interior de su país y está en su primer año de universidad estudiando Educación. Para ella la vida universitaria está siendo un auténtico choque cultural, acostumbrada como estaba a vivir en el ambiente cerrado y protegido de su congregación local. El pluralismo, el relativismo y la tolerancia que existen en el campus le están creando serios conflictos espirituales.

Rodrigo: «Si tuvieras que destacar algo de estos meses en la universidad, ¿qué sería?»

Rebeca: «No están siendo nada fáciles, especialmente el tener que confrontar con tantos estilos de vida y formas de pensar diferentes.»

Rodrigo: «Entiendo. ¿Y cómo te ha afectado esto?»

Rebeca: «Rodrigo, yo nunca había tenido que convivir con personas que piensen de forma tan diferente a como yo pienso. En los años anteriores todos mis amigos eran de la iglesia, y más o menos todos pensábamos de manera muy similar. Nuestra manera de ver y de entender la vida era la que la iglesia nos enseñaba y, para ser honesta, había poca discusión al respecto y poco espíritu crítico. Aquí todo es diferente. Me he encontrado con gente que rechaza abiertamente la fe cristiana, y con otros que afirman ser creyentes pero cuyo estilo de vida deja mucho que desear. Tengo compañeros para los cuales el sexo es una cuestión puramente de diversión, y si ambos están de acuerdo se van a la cama con cualquiera. En uno de los grupos de trabajo en los que estoy, dos de las compañeras son lesbianas y viven juntas en un pequeño apartamento, y podría seguir y seguir relatándote todo lo que me he encontrado...»

Rodrigo: «Tienes toda la razón, la vida universitaria nunca ha sido fácil para un creyente. Cuéntame, ¿qué efecto está teniendo todo esto sobre tu fe?»

Rebeca: «La verdad, no muy bueno. Me está afectando bastante.»

Rodrigo: «Explícame más, ayúdame a entenderlo.»

Rebeca: «La gente parece muy segura de lo que cree, y cada uno defiende con convicción su estilo de vida. Pero yo muchas veces me he dado cuenta que no tengo ningún argumento serio o convincente para oponerme o, simplemente, para contrastar. Para mi horror, me he visto que tampoco tengo argumentos muy serios para defender mis propias ideas. Me he encontrada acorralada en más de una ocasión, y lo único que se me ha ocurrido decir es que la Biblia lo enseña así y la Biblia es la Palabra de Dios.»

Rodrigo: «¿Y cuál ha sido la respuesta ante ese argumento?»

Rebeca: «Bueno, las respuestas han variado desde la risa hasta la condescendencia. La mayoría afirma que si yo creo que la Biblia es la Palabra de Dios está bien, tengo todo el derecho del mundo a pensar de ese modo, pero que no tengo derecho a juzgar a aquellos que piensan de forma diferente. La verdad es que estoy hecha un lío, y lo que más me preocupa es que me doy cuenta de la debilidad de mis convicciones... Comienzo a pensar que tal vez los otros tienen razón en eso de que no hay un único modo de ver las cosas. Pero me da miedo volverme relativista como mis compañeros. ¡Cuando vine a la universidad no estaba preparada para lo que me he encontrado!»

Rodrigo: «Te has sabido explicar muy bien y, repitiendo tus últimas palabras, comprendo que no estabas preparada para lo que te has encontrado. ¿Qué has aprendido con toda esta experiencia?»

Rebeca: «Que tengo una fe bastante débil, inmadura, no pensada ni reflexionada. También he aprendido que no entiendo la forma de pensar de mis compañeros y entonces no tengo ni argumentos ni maneras para construir puentes con ellos. También, y eso me preocupa más, han habido momentos en los que he dudado de mi fe.»

Rodrigo: «Muy buen resumen, gracias por compartirlo. Déjame hacerte otra pregunta: ¿Qué crees que deberías hacer respecto de toda esta situación?»

Rebeca: «Está claro que no puedo seguir así. Necesito trabajar cosas en mi vida y en mi fe, pues estoy en el primer año de la universidad y, de seguir así, no estoy segura de que vaya a sobrevivir.»

Rodrigo: «Pensando en todo lo que me has dicho anteriormente, ¿cuál podría ser un primer paso a dar para moverte en esa dirección?»

Rebeca: (Pensativa) «Creo que el primer paso es revisitar mi fe. Quiero decir que me gustaría volver a estudiar lo que creo y por qué lo creo. Me convertí cuando tenía 12 años, ahora tengo 19 y pienso que debo madurar mi comprensión sobre lo que significa seguir a Cristo.»

Rodrigo: «¡Me parece un muy buen paso! ¿Qué más podrías hacer?»

Rebeca: «Quisiera entender mejor a mis compañeros... Qué sienten, qué piensan, por qué piensan del modo en que lo hacen. Me doy cuenta que no tengo ni idea de lo que creen los que no son cristianos.»

Rodrigo: «Muy bien. ¿Algo más?»

Rebeca: «Sí, pero por orden. Primero, repasar mi fe. Luego, entender lo que creen mis compañeros. Y finalmente, aprender a compartir mi fe con ellos.»

Rodrigo: «¡Es un fantástico plan de acción! ¿Cómo te sientes al respecto y, por último, quién podría ayudarte a llevarlo a cabo?»

Rebeca: «Me siento mucho mejor, Rodrigo, gracias. No tengo la sensación de pánico que tenía antes. Me siento desafiada, pero me gustan los desafíos, y también veo que tengo, por decirlo de alguna manera, una hoja de ruta que puedo seguir. En cuanto a quién puede ayudarme, hay un grupo de universitarios que se reúnen semanalmente en el campus. Me uniré a ellos porque sé que tratan estos temas abiertamente. Por otra parte, también espero que tú me ayudes, y que me des la oportunidad de seguir compartiendo contigo mis dudas y luchas.»

Ahora piensa...

1. Qué cosas hizo Rodrigo

2. Qué cosas no hizo

3. De qué forma utilizó las herramientas básicas del coaching explicadas en este libro

4. De qué modo uso uno o todos los elementos del modelo COACH

5. Qué principios de trabajo puedes identificar

6. En qué situaciones familiares podría aplicarse lo aprendido por medio del estudio de este caso

IGLESIA

Gerson ha dejado de asistir a la iglesia local de Rodrigo. Este, sin embargo, continúa manteniendo la relación con Gerson e interesándose por su situación espiritual. Para Gerson, asistir a la iglesia no es algo imprescindible. Su fe es firme y su forma de seguir a Jesús, comprometida.

Rodrigo: «Gerson, por favor ayúdame a entender tu postura con respecto a la iglesia local.»

Gerson: «Mi fe es firme. La universidad no ha tenido un efecto negativo en mi forma de seguir a Jesús. De hecho, la columna vertebral de mi proyecto vital es el evangelio. Lo que ocurre es que simplemente no creo que sea imprescindible congregarse en una iglesia local. No siento esa necesidad. Prefiero pasar el tiempo con personas no cristianas y tratar de tener una influencia sobre ellas. Al fin y al cabo, hemos sido llamados a ser sal y luz en medio de las tinieblas.»

Rodrigo: «Al oírte hablar me da la impresión que planteas el tema como una dicotomía. ¿Qué piensas al respecto?»

Gerson: «Disculpa, Rodrigo, no sé si te he entendido bien. ¿Podrías explicármelo más claro?»

Rodrigo: «¡Sin duda! Cuando te escucho hablar, oigo planteamientos excluyentes en vez de complementarios. Como si hubiera que elegir entre congregarse y ser sal y luz. Sin embargo, a mí me da la impresión de que no es una cosa o la otra, sino mas bien ambas. No se trata de pasar tiempo únicamente con creyentes, ni únicamente con no creyentes, sino las dos cosas. No se trata solo de la dimensión individual de la fe, pero tampoco exclusivamente de la dimensión colectiva, sino de ambas. No veo que sean cosas mutuamente excluyentes, sino más bien complementarias. ¿Me supe explicar con suficiente claridad ahora?»

Gerson: «Te entiendo, pero la verdad es que estoy cansado de pasar siete días a la semana encerrado en la iglesia, actividad tras actividad. Yo no entiendo la fe de esa manera. Eso no está diseñado para mí.»

Rodrigo: «Comprendo lo que dices y estoy de acuerdo contigo en que cansamos a la gente con tantas actividades. Sin embargo, tú eres un buen conocedor de las Escrituras, así que dime: ¿Qué has aprendido sobre la dimensión comunitaria en el seguir a Jesús? ¿Qué lees sobre eso en la Palabra?»

Gerson: «Yo no niego la importancia de la comunidad. Simplemente no estoy hecho para eso, no es mi estilo.»

Rodrigo: «Como te decía antes, tú conoces la Biblia muy bien. Conoces los mandamientos de Jesús relacionados con amarnos los unos a los otros, y con ser uno para que el mundo crea. También has leído los llamados "versículos de mutualidad" en las epístolas, esos que hablan de "los unos a los otros"... ¿Cómo interpretas todo esto?»

Gerson: «Rodrigo, vuelvo a insistir, la iglesia me parece irrelevante. No satisface mis necesidades. Es aburrida y predecible y no quiero perder mi tiempo en ella.»

Rodrigo: «Puedo entender y respetar tu posición respecto a la iglesia local, y especialmente la nuestra. Sin embargo, yo no me refiero a formas o expresiones culturales. Me refiero a la necesidad de tener un compromiso de mutualidad con otros seguidores de Jesús. A sentir que soy responsable de ellos y ellos lo son de mí. En "El señor de los anillos", el famoso libro de Tolkien que después se convirtió en película, se habla de "la comunidad del anillo", un grupo de personas comprometidas las unas con las otras y con una misión, la destrucción del anillo...»

Gerson: (Interrumpiendo) «He visto las películas y he leído el libro. ¿Qué tiene que ver con ir o no a la iglesia?»

Rodrigo: «No tiene nada que ver con ir o no a la iglesia. Pero tiene todo que ver con la dimensión comunitaria de la fe. Creo que "la comunidad del anillo" es una buena ilustración de lo que es la iglesia: un grupo de gente comprometida con Dios, comprometida con una misión –en nuestro caso, el establecimiento del Reino de Dios-, y comprometidos los unos con los otros, animándonos y apoyándonos en el camino de seguir al Maestro. En mi opinión, la auténtica fe ha de tener esas tres dimensiones, hacia arriba –con Dios-, hacia fuera –con un mundo necesitado- y hacia dentro –con el compañerismo y el sostén de otros creyentes-. Y creo que si una de estas tres cosas falta, esa experiencia de fe está coja.»

Gerson: «¿Qué quieres que haga?»

Rodrigo: «No quiero que hagas nada. Mi intención no es que vayas a la iglesia. Mi deseo es que examines tus premisas a la luz de las Escrituras. ¿Recuerdas lo que dice Jesús con respecto a sus ovejas en Juan capítulo 10?»

Gerson: «Conozco el pasaje. Sus ovejas oyen su voz y la reconocen...»

Rodrigo: «Correcto. También conoces lo que Jesús promete con relación al Espíritu Santo en la vida de sus seguidores.»

Gerson: «También conozco esos pasajes. El Espíritu os enseñará todas las cosas, os guiará a toda la verdad, etcétera, etcétera... ¿A dónde quieres llegar?»

Rodrigo: «Quiero invitarte a que hables con el Señor y a que tengas el corazón dispuesto para poder escuchar su voz tal y como Él promete. Óyelo. Habla con Jesús acerca de esas tres dimensiones: hacia arriba, hacia fuera y hacia dentro. Explícale lo que piensas y sientes, con la misma honestidad con que me lo has explicado a mí. Y luego simplemente escucha su voz, prestando atención a lo que Él te diga, a las impresiones que Él ponga en tu corazón. Recuerda que el tema de discusión aquí no es nuestra iglesia local. Estamos hablando de si es necesaria o no una dimensión comunitaria de la fe.»

Gerson: «Estoy dispuesto a hacerlo, y me esforzaré por ser lo más honesto posible. Pero supongamos que entiendo lo de la dimensión comunitaria, eso no significa que vaya a volver a tu iglesia.»

Rodrigo: «Si llegas a comprender de parte del Señor la dimensión comunitaria, lo otro, es decir, dónde vives esa dimensión, será otro reto. Pero, si te parece, hablaremos de eso cuando llegue el momento.»

Gerson: «Me parece.»

Ahora piensa...

1. Qué cosas hizo Rodrigo

2. Qué cosas no hizo

3. De qué forma utilizó las herramientas básicas del coaching explicadas en este libro

4. De qué modo uso uno o todos los elementos del modelo COACH

5. Qué principios de trabajo puedes identificar

6. En qué situaciones familiares podría aplicarse lo aprendido por medio del estudio de este caso

FE PERSONAL O FE CULTURAL

Leandro está viviendo una auténtica crisis de fe. Todo comenzó en la secundaria, cuando empezó a plantearse qué sentido tenía ser cristiano, y luego se aceleró cuando llegó a la universidad y vio que muchos profesores cuestionaban el cristianismo sin contemplaciones. Además allí sus compañeros vivían de formas que a Leandro le parecían muy atractivas, y él se sentía tentado a experimentarlas.

Rodrigo: «Leandro, si tuvieras que resumirme tu situación en un par de frases, como si fueran titulares de un periódico, ¿qué me dirías?»

Leandro: «¡Jajaja, buen truco! Ya sabes que a mí me gusta darle vueltas y vueltas a los asuntos. ¿Un titular? Bueno, podría ser el siguiente: "Joven evangélico se plantea si su fe es personal o simplemente cultural, como una herencia de sus papás". ¿Qué te parece mi titular?»

Rodrigo: «Me parece muy bueno, y pienso que resume muy bien lo que habíamos platicado anteriormente. ¿Y qué crees que ese joven evangélico debería hacer? ¿Qué le aconsejarías si tú fueras su amigo?»

Leandro: «Le aconsejaría que intente aclarar sus dudas. Le diría que piense seriamente qué tipo de fe tiene, hasta descubrir si es personal o cultural.»

Rodrigo: «¿Qué crees que debería hacer para conseguir eso? ¿Qué proceso debería seguir?»

Leandro: «Bueno, Rebeca me comentó que ella tomó la decisión de revisitar su fe, de contemplarla de nuevo desde su situación actual. Creo que el proceso que Leandro debería seguir sería uno parecido.»

Rodrigo: «De forma práctica, ¿eso qué significaría para Leandro, qué debería hacer él?»

Leandro: «Leandro debería comenzar desde el principio. Volver a plantearse temas como el pecado, las consecuencias que el pecado ha producido en el ser humano, y qué evidencias hay de eso en el mundo que le rodea y en su propia experiencia. Debería de repensar el porqué cree, el significado y el valor de la muerte de Jesús y qué implicaciones, si es que hay alguna, tiene todo eso para su vida. Si fuera posible, yo le recomendaría a Leandro que se acerque a la fe como si fuera un extraño, alguien que nunca ha oído hablar del cristianismo ni de Jesús. Sé que suena difícil. Sin embargo, creo que eso es lo que Leandro necesitaría.»

Rodrigo: «Has mencionado que acercarse a la fe con ojos nuevos sería algo difícil. ¿Qué o quién podría ayudarle en ese proceso?»

Leandro: «Tú podrías ayudar a Leandro. Tu actitud nunca es de juicio y siempre ayudas a ampliar las perspectivas sobre cualquier tema que sea. No eres el típico que sermonea y juzga. Creo que Leandro se sentiría a gusto hablando contigo, explicándote sus dudas, verbalizando sus contradicciones. En resumen, pienso que a Leandro le ayudaría dialogar, y más aun si puede hacerlo con Rodrigo o con alguien similar.»

Rodrigo: «Por lo que conozco de él, creo que Rodrigo estaría más que dispuesto a ayudar a Leandro. Pero sigamos suponiendo. Nuestro amigo ha hecho una revisión con nuevos ojos y en profundidad de la fe cristiana, ha aclarado conceptos, ha visto las implicaciones, ha podido acercarse a sus dudas y reflexionar sobre ellas... ¿Cuál le dirías a Leandro que sería el siguiente paso?»

Leandro: «Pienso que le diría a Leandro que con toda esa información debe de tomar una decisión. Debe valorar si quiere construir su proyecto vital alrededor de sus descubrimientos o, por el contrario, si prefiere dejarlos de lado. En pocas palabras, Leandro tiene que decidir si su fe es personal o cultural.»

Rodrigo: «Me parece un buen proceso a seguir. ¿Crees que Leandro estaría dispuesto?»

Leandro: «Por lo que conozco de él, ¡diría que está dispuesto y muy motivado para hacerlo!»

Ahora piensa...

1. Qué cosas hizo Rodrigo
2. Qué cosas no hizo
3. De qué forma utilizó las herramientas básicas del coaching explicadas en este libro
4. De qué modo uso uno o todos los elementos del modelo COACH
5. Qué principios de trabajo puedes identificar
6. En qué situaciones familiares podría aplicarse lo aprendido por medio del estudio de este caso

SITUACIONES DE DANILA

CARRERA PROFESIONAL

María, una de las jóvenes del grupo de Danila, está preocupada por su situación profesional. Es directora comercial, y está altamente calificada en una empresa que está en plena expansión. María se siente muy realizada por su trabajo. Le han propuesto asumir más responsabilidades y, aunque es una muy buena oportunidad, no está segura de qué hacer. Así fue la conversación entre ambas...

Danila: «Hola María, ¿cómo estás, cómo van las cosas?

María: «Estoy bien, contenta y realizada... Aunque, la verdad, un poco preocupada con mi trabajo. Precisamente quería hablar de ello contigo.»

Danila: «Perfecto. Dime, ¿qué haría que esta conversación fuera provechosa para ti?

María: «Me ayudaría muchísimo si pudiera lograr más claridad sobre qué decisión tomar ante la oferta de promoción que me han hecho en el trabajo. Estoy muy confundida respecto de qué camino tomar.»

Danila: «Explícame un poco más para que pueda entenderte mejor.»

María: «Hay días en que solo veo ventajas en esta promoción, pero otros días me levanto y solo veo desventajas. Hay días en que veo muy claro qué es lo que me conviene, y otros en que me siento insegura sobre la decisión. En resumen, estoy paralizada. Y eso me angustia porque debo darle una respuesta a mis superiores pronto.»

Danila: «Dices que hay días en que te sientes insegura. ¿Qué es lo que te produce esa inseguridad, a qué se la atribuyes?»

María: No sé muy bien como explicarlo... es como una carga en mi cabeza. Me preocupa cómo puede afectar esta promoción mi relación con Luis, mi esposo, y también mi trabajo en la iglesia. Una de las responsabilidades del nuevo puesto consiste en viajar con frecuencia, y aunque Luis me anima a hacerlo no me siento bien al imaginarme cómo será eso. Solo llevamos un año y medio de casados, y estar viajando semanalmente me preocupa. También me preocupa mi trabajo en la iglesia. ¿Qué continuidad puedo tener si viajo prácticamente cada semana?»

Danila: «Háblame un poco de tu escala de prioridades.»

María: «Bueno, siempre he tenido claro que primero está Dios, después mi familia, en este caso Luis que es mi nueva familia, y después el trabajo.»

Danila: «María coincido plenamente con tu escala de valores. A la luz de lo que me has dicho, ¿cómo puede tu escala de prioridades ayudarte a la hora de tomar esta decisión?»

María: (Pensativa y en silencio durante un tiempo) «Creo que me da criterios objetivos para decidir, me da perspectiva.»

Danila: «¿Y qué paso práctico podrías dar para moverte hacia adelante en la tarea de tomar tu decisión?»

María: «Voy a tomarme un tiempo para pensar y orar seriamente acerca de mis prioridades. Lo haré la semana próxima, que tengo una tarde libre. Me doy cuenta que es la primera vez desde que soy profesional en la que debo tomar una decisión que pone en cuestión mis prioridades. Gracias por la conversación.»

Danila: «Por nada, María. Ya me contarás la semana que viene qué progreso hiciste con tu decisión.»

Ahora piensa...

1. Qué cosas hizo Danila

2. Qué cosas no hizo

3. De qué forma utilizó las herramientas básicas del coaching explicadas en este libro

4. De qué modo uso uno o todos los elementos del modelo COACH

5. Qué principios de trabajo puedes identificar

6. En qué situaciones familiares podría aplicarse lo aprendido por medio del estudio de este caso

ESTRÉS

Lorenzo es un joven abogado que está impulsando hacia adelante su negocio, al cual le dedica muchas horas. Es un perfeccionista, y le gusta ser el mejor en todo lo que hace. Danila ha observado que últimamente está quejoso todo el tiempo, por lo cansado y abrumado que está. Danila aprovecha para hablar con él después de uno esos episodios de queja...

Danila: «Últimamente he notado que mencionas muy a menudo que estás cansado y agobiado. Cuéntame, ¿qué ocurre?»

Lorenzo: «Ya sabes, lo normal con el trabajo... Tengo muchos clientes, todos quieren las cosas para ayer, el trabajo se acumula, y eso me pone mucha presión encima.»

Danila: «¿Cómo te está afectando todo esto?»

Lorenzo: «La verdad, Danila, hasta hace poco lo manejaba muy bien, pero ahora a veces tengo la sensación de que se me escapa de las manos. Duermo poco, como mal, y además me preocupa que el cansancio me hace estar irritable e incluso tratar mal a la gente.»

Danila: «Vaya, ¿y cómo te hace sentir eso?»

Lorenzo: «¡Puedes imaginártelo, muy mal! Siempre me pasa eso cuando estoy cansado. Luego pido perdón, pero el mal ya está hecho.»

Danila: «¿Qué podría ayudarte a mejorar esta situación que has descrito?»

Lorenzo: «Administrar mejor mi tiempo. Voy de urgencia en urgencia. Siento que la vida me lleva en vez de ser yo quien la lleve. No tengo método y soy un desastre. ¡Deberían enseñar esas cosas en la universidad!»

Danila: (Sonriendo) «¡Estoy totalmente de acuerdo contigo! Ahora bien, si has detectado que careces de método y sistema, ¿qué o quién podría ayudarte a adquirirlos?»

Lorenzo: «Pues... debería ser alguien, porque yo no me veo con fuerzas ni disciplina como para leer libros sobre administración del tiempo y esas cosas.»

Danila: «Entiendo. Entonces, ¿quién de tu entorno podría ayudarte en este sentido? Piénsalo por un momento.»

Lorenzo: «Pues no conozco a nadie en mi entorno que sea bueno en este tema... De hecho, creo que la mayoría de los del grupo tenemos este reto. Pero sé que mi universidad ha ofrecido cursos muy económicos para los egresados sobre estos temas de autogestión del tiempo y las responsabilidades. Intentaré averiguar más sobre esto.»

Danila: «Buena idea. Déjame hacerte dos preguntas más: ¿cuándo lo averiguarás, y cuán motivado estás para tomar este curso?»

Lorenzo: «Lo buscaré mañana en la web de la universidad. En cuanto a la motivación, ¡estoy súper motivado! ¡No puedo seguir viviendo así por mucho tiempo!»

Ahora piensa...

1. Qué cosas hizo Danila

2. Qué cosas no hizo

3. De qué forma utilizó las herramientas básicas del coaching explicadas en este libro

4. De qué modo uso uno o todos los elementos del modelo COACH

5. Qué principios de trabajo puedes identificar

6. En qué situaciones familiares podría aplicarse lo aprendido por medio del estudio de este caso

AMIGOS

La nueva situación laboral de Rudy lo ha llevado a desarrollar una gran cantidad de relaciones de amistad fuera de la iglesia, y a pasar bastante tiempo con ellos. Hernando y Jimena no ven con buenos ojos esas amistades, y discuten frecuentemente con Rudy sobre ello. Finalmente Rudy decide hablar del tema con la pastora Danila...

Danila: «Rudy, gracias por querer hablar conmigo sobre el tema de las amistades. ¿Qué haría que esta conversación fuera provechosa para ti?»

Rudy: «Bueno, me ayudaría mucho si me dijeras si debo, o no, tener amigos no cristianos.»

Danila: «Yo no voy a decirte lo que debes hacer, Rudy, ya eres mayorcito. Sin embargo, podemos conversar un rato al respecto. Ayúdame a entender los argumentos de Hernando y Jimena.»

Rudy: «Es lo típico de siempre: que no me una en yugo desigual, que serán una mala influencia para mí, que me alejarán de la iglesia, que ese tipo de relaciones no honran al Señor, etc., etc.»

Danila: «¿Y qué piensas tú al respecto?»

Rudy: «Pues que ni todo es blanco, ni todo es negro. Ni todos los no creyentes son buenos, ni todos son malos. Hay de todo, como en todos los lugares incluyendo la iglesia.»

Danila: «Estoy de acuerdo contigo. Entonces, ¿qué criterios piensas que te pueden ayudar a discernir qué amigos te convienen y cuáles no?»

Rudy: «No he pensado en ello... Más bien me guío por la intuición.»

Danila: «Entiendo. ¿Y en qué sentido crees que podría ayudarte el tener unos criterios definidos?»

Rudy: «Podrían servirme para estar más alerta. Para ser menos intuitivo y más racional. Para poder seleccionar de forma más práctica... No sé, cosas así.»

Danila: «Rudy, si tuvieras que ayudar a alguien a definir criterios para seleccionar amistades entre los nos creyentes, ¿qué le aconsejarías? Imagínate que soy yo a quien debes aconsejar. ¿Qué me dirías?»

Rudy: (Pensativo) «Te aconsejaría elegir amistades que muestren respeto hacia ti como persona, incluyendo por supuesto tu fe, que sean una influencia positiva, es decir que saquen lo mejor de ti, que no te presionen a nada que vaya contra tu conciencia, que veas que tienen un interés genuino por ti como persona, es decir que no te buscan por interés ni para sacar provecho... No sé, podría pensar en otros criterios más, pero estos me parecen los más importantes.»

Danila: «Y una vez fijados esos criterios, ¿qué más me dirías?»

Rudy: «Pues que los uses. Que los apliques a los amigos que ya tienes y a las nuevas oportunidades de amistad que se te presenten.»

Danila: (Riendo) «Pues como dice el evangelio, ¡ve y haz tú lo mismo!»

Ahora piensa...

1. Qué cosas hizo Danila

2. Qué cosas no hizo

3. De qué forma utilizó las herramientas básicas del coaching explicadas en este libro

4. De qué modo uso uno o todos los elementos del modelo COACH

5. Qué principios de trabajo puedes identificar

6. En qué situaciones familiares podría aplicarse lo aprendido por medio del estudio de este caso

ESPIRITUALIDAD

Algo que le ha preocupado a Gabriela durante los últimos meses es la desconexión entre la iglesia, y la realidad que día a día ha de enfrentar ella en su trabajo. Su trabajo en una firma de computación es altamente exigente, y Gabriela no sabe cómo hacer una conexión entre trabajo y fe. Las predicaciones de la iglesia tampoco la han ayudado. El pastor lleva ya dos meses predicando sobre los ángeles, y a Gabriela se le ponen los pelos de punta hasta que finalmente se desconecta y deja de prestar atención. Hoy Gabriela decidió hablar con Danila al respecto...

Danila: «Gracias por compartirme la situación. ¿Qué te gustaría conseguir por medio de esta conversación, que haría que fuera útil para ti?»

Gabriela: «Necesito pautas para darle una dimensión espiritual a mi trabajo ¿Qué hay de sagrado en programar, diseñar sistemas, atender clientes y todo eso?»

Danila: «Interesante. Por favor, ayúdame a entender qué significa para ti el darle una dimensión espiritual a tu trabajo. Si tu trabajo tuviera una dimensión espiritual, ¿cómo sería?»

Gabriela: «Vaya, ¡nunca lo había pensado! No sé... podría hablar de Jesús con otros, ayudar a la gente, sentir la presencia del Señor. No sé, cosas de ese tipo. ¡Vaya preguntas que haces!»

Danila: «Bueno, ya sabes que en el grupo de jóvenes siempre hablamos de que el trabajo es nuestra misión, y de que todo lo que hacemos, si lo hacemos para el Señor, adquiere una dimensión espiritual y sagrada. ¿Qué cuestiones prácticas te podrían ayudar a vivir esos principios espirituales día a día?»

Gabriela: «La verdad, para serte sincera, suelo ir al trabajo de forma muy rutinaria. Sé que es mi misión, pero esto se me olvida con la rutina diaria.»

(Riendo) «Sólo vuelvo a acordarme cuando el pastor predica sobre los ángeles.»

Danila: «¿Y qué podría ayudarte a recordar que vas a la misión?»

Gabriela: «Creo que algo práctico podría ser orar cada día antes de ir al trabajo. Manejo durante veinte minutos, y durante ese tiempo podría orar pidiéndole al Señor que me ayude a ser sensible a las personas del trabajo, a su realidad y sus necesidades. La verdad es que no lo hago nunca, y noto que estoy muy centrada en mí misma durante el trabajo.»

Danila: «Muy bien. ¿Qué más podrías hacer?»

Gabriela: «Tener el radar conectado. Me refiero a estar al tanto de lo que les sucede a las personas con las que trabajo, interesarme más por ellas, preguntarles cómo están... Creo que eso me ayudaría.»

Danila: «Déjame hacerte otra pregunta. Tal vez sea el ritmo de trabajo lo que te lleva a pasar por alto esa sensibilidad y olvidarte de los demás. Tú que te conoces muy bien a ti misma, dime, ¿qué te podría ayudar a tener esto presente día a día?»

Gabriela: «Cada noche antes de dormir dedico un tiempo a orar. Creo que podría hablar con el Señor acerca de cuán sensible he sido durante el día a las personas con las que estuve y a las oportunidades que se me presentaron. Eso mantendría despierta mi sensibilidad.»

Danila: «Me parece buena idea. ¿Cuándo te gustaría comenzar a practicar ambas cosas?»

Gabriela: (Riendo) «¡En cuanto el pastor deje de predicar sobre los ángeles! Es broma, mañana comienzo.»

Ahora piensa...

1. Qué cosas hizo Danila

2. Qué cosas no hizo

3. De qué forma utilizó las herramientas básicas del coaching explicadas en este libro

4. De qué modo uso uno o todos los elementos del modelo COACH

5. Qué principios de trabajo puedes identificar

6. En qué situaciones familiares podría aplicarse lo aprendido por medio del estudio de este caso

HIJOS

Germán y Josefa están confundidos sobre el tema de si tener hijos ahora o esperar hasta más adelante. Cuando hablan con otros amigos de la iglesia, hay opiniones para todos los gustos. Los que ya tienen hijos dan todos los argumentos habidos y por haber para que sigan su ejemplo. Los que no, pues lo mismo, argumentan según su situación. Finalmente Germán y Josefa deciden hablar con Danila al respecto.

Danila: «Gracias por querer hablar conmigo sobre este tema. ¿Qué les gustaría conseguir por medio de nuestra conversación, qué expectativas tienen?»

Josefa: (Riendo) «Pues la verdad, Danila, la gente nos decía que para qué íbamos a hablar contigo, ya que tú no tienes hijos y ni siquiera estás casada todavía. Nos preguntaban cómo ibas tú a orientarnos sobre el tema.»

Danila: (Riendo) «¡Y esa gente tiene toda la razón! Yo no voy a decirles nada acerca de lo que deben de hacer. Tan solo voy a conversar con ustedes para que puedan aclarar sus ideas. Ahora bien, al margen de lo que otros digan o dejen de decir, ¿qué factores harían que determinado momento sea para ustedes el momento ideal para buscar la paternidad?»

Germán: «Para mí es importante el tema de las deudas. No quiero decir que el dinero nos deba condicionar, pero en estos momentos estamos muy presionados y eso durará al menos un año más. También está el tema del espacio. Precisamente los apuros económicos son porque estamos ahorrando para un nuevo apartamento. Lo cierto es que en el actual no podríamos tener espacio para un hijo.»

Danila: «¿Y para ti, Josefa?»

Josefa: «Siento que necesitamos más tiempo para consolidarnos como pareja. Llevamos solo dos años de casados y siento que necesitamos invertir más el uno en el otro. No es egoísmo, pero... un bebé en estos momentos nos quitaría tiempo de estar juntos, y lo necesitamos.»

Germán: «Sí, estoy de acuerdo con Josefa. Como sabes, cuando estábamos de novios vivíamos en dos ciudades diferentes, y lo cierto es que adaptarnos a la vida matrimonial no ha sido fácil. ¡Éramos dos desconocidos!»

Danila: «Bien. Les he oído hablar del factor económico, y del tiempo para consolidarse ustedes como pareja. ¿Hay algún otro factor a tener en cuenta?»

Josefa: «La mamá de Germán tiene que ser operada en los próximos meses. Será una operación seria, y ella requerirá mucha atención nuestra durante un buen tiempo. No es determinante, pero es algo para tener en cuenta también.»

Germán: «Por otra parte Josefa tiene pendiente un año más de maestría. La verdad, no la puedo imaginar embarazada, acabando la maestría, y cuidando de mi madre al mismo tiempo. ¡Y todo eso con los apuros económicos y la falta de espacio que ya te mencionamos!»

Danila: «Al oír todos estos factores, ¿qué sienten ustedes, qué creen que es lo más conveniente?»

Germán: «Creo que debemos esperar. Somos jóvenes, no tenemos ninguna prisa.»

Josefa: «Sí, esperar. Cada pareja tiene su tiempo, y todavía no es el nuestro. No importa lo que otros puedan decir o pensar.»

Danila: «Veo que ambos piensan lo mismo. ¿Cómo se sienten ahora con respecto a la decisión de esperar?»

Josefa: «Tranquila, con paz.»

Germán: «Sí, yo también.»

Ahora piensa...

1. Qué cosas hizo Danila

2. Qué cosas no hizo

3. De qué forma utilizó las herramientas básicas del coaching explicadas en este libro

4. De qué modo uso uno o todos los elementos del modelo COACH

5. Qué principios de trabajo puedes identificar

6. En qué situaciones familiares podría aplicarse lo aprendido por medio del estudio de este caso

CON QUIÉN ME CASARÉ

Luis tiene 33 años y está confundido acerca de cómo saber cuál es la mujer que el Señor tiene para su vida. A pesar de ser creyentes, un par de amigos suyos se han divorciado luego de breves matrimonios, y le han dicho a Luis que se equivocaron a la hora de escoger la persona adecuada. Eso le crea cierta inquietud a Luis, que no sabe muy bien cómo discernir con qué persona debería comenzar un proyecto de vida.

Danila: «Entiendo tu preocupación, Luis. Dime, ¿qué haría que esta conversación fuera útil y provechosa para ti?»

Luis: «Será provechosa si consigo aclarar mi mente. ¡Estoy hecho un auténtico lío!»

Danila: «Ayúdame a entender qué quieres decir con "aclarar tu mente". ¿Cómo te sentirías si tuvieras más claridad?»

Luis: «Me sentiría más tranquilo, con más paz, con más seguridad a la hora de tomar decisiones con respecto a las muchachas.»

Danila: «Tiene sentido. ¿Y qué cosas crees que te ayudarían a tomar mejores decisiones en este área?»

Luis: «Pues... sobre todo entender cuál es la voluntad de Dios, saber cómo discernir cuál es la mujer que el Señor tiene preparada para mi vida.»

Danila: «¿Cuál sería la perspectiva bíblica sobre este tema? Es decir, ¿cómo crees que puede ayudarte la Biblia a saber cuál es la mujer que el Señor tiene preparada para ti?»

Luis: (Muy pensativo) «No sé... La Biblia dice, creo que en Corintios, que no debemos unirnos en yugo desigual con un no creyente, ¿no es así?»

Danila: «Así es. Tal y como tú lo dices. ¿Y cómo te ayuda este pasaje en tu toma de decisiones?»

Luis: «Ya te entiendo. No debería de buscar entre las personas no cristianas. Pero eso no ayuda mucho. ¿Cómo elijo entre las creyentes?»

Danila: «Volvamos a la Palabra. ¿Qué dice respecto a escoger entre las personas que conocen a Cristo? ¿Qué pasajes puedes recordar que te ayuden en este sentido?»

Luis: (Aún más pensativo y en silencio por un buen rato) «No puedo recordar ninguno en estos momentos, y me resulta raro. De hecho, diría que nunca he escuchado ningún pasaje al respecto. Bueno, sí, recuerdo que cuando el criado de Abraham fue a buscar esposa para Isaac, él le pidió a Dios que la mujer que le diera de beber fuera la escogida.»

Danila: «¿Quieres probarlo con este método?»

Luis: «¡Jeje, me costará encontrar camellos aquí en la ciudad, pero puedo intentarlo! Bueno, bromas aparte, no puedo recordar pasajes que me ayuden en este sentido. ¡Creo que no los hay!»

Danila: «Entonces, ¿qué te hace pensar la falta de pasajes sobre este tema?»

Luis: «Nunca lo había pensado. Parece como si el Señor me diera a mí la libertad de escoger y, a la vez, la responsabilidad de hacerlo. ¡Vaya, eso cambia totalmente mi perspectiva!»

Danila: «¿Por qué la cambia? Ayúdame a entenderlo.»

Luis: «Porque entonces ya no se trata de buscar a "la escogida", sino que esto me hace pensar en escoger la mejor para desarrollar con ella un proyecto de vida. ¡Yo soy responsable de escoger!»

Danila: «Entonces, si sientes que eres responsable de escoger, ¿qué criterios te podrían ayudar en esa decisión?»

Luis: (De nuevo pensativo) «En primer lugar, sin duda, que sea seguidora de Jesús. Luego, que comparta mi pasión por ayudar a la gente en necesidad. Danila, tú sabes que para mí el trabajo con la gente marginada no es un entretenimiento. Es algo que me apasiona y que siento que el Señor me llama a hacer. Incluso no descarto dedicarme algún día a tiempo completo a esto.»

Danila: «Muy bien, te he oído decir dos cosas importantes: que sea seguidora de Jesús y que comparta tu pasión por la gente marginada. ¿Qué otros criterios podrían ayudarte?»

Luis: «Por supuesto que sea linda y agradable, pero también que sea "de familia". Quiero decir, que desee tener niños. Ah, sí, otra cosa importante es que no sea materialista. No quiero vivir con alguien que esté siempre preocupada por ganar más y más dinero.»

Danila: «Todo lo que has dicho es muy valioso. Me dijiste al principio que tu objetivo para nuestra conversación era aclarar tu mente. ¿Cómo te sientes al respecto?»

Luis: «Pues mejor en un sentido, y con más responsabilidad en otro. Ahora me doy cuenta que soy yo quien elige, y que debo buscar alguien que encaje con mi visión y mi perspectiva de la vida.»

Ahora piensa...

1. Qué cosas hizo Danila

2. Qué cosas no hizo

3. De qué forma utilizó las herramientas básicas del coaching explicadas en este libro

4. De qué modo uso uno o todos los elementos del modelo COACH

5. Qué principios de trabajo puedes identificar

6. En qué situaciones familiares podría aplicarse lo aprendido por medio del estudio de este caso

RELACIONES

Patricia tiene un serio problema con el perdón. Manuela, en otro tiempo su mejor amiga, terminó casándose con Milton, quien por aquel entonces era novio de Patricia. Es cierto que todavía no estaban comprometidos, pero llevaban mucho tiempo estando juntos. Era algo público y bien sabido que tarde o temprano terminarían casándose. Sin embargo, Manuela se interpuso, y primero la relación se rompió y, posteriormente, fue ella la que se casó con Milton. Toda esta situación fue muy dolorosa para Patricia, y ella realmente no puede perdonar a Manuela.

Danila: «No es la primera vez que hablamos acerca del perdón. ¿Podrías ayudarme a entender qué hace que te sea tan difícil perdonar?»

Patricia: «Es muy doloroso para mí. Tú sabes que estamos en la misma iglesia, y cada vez que los veo me sube la rabia por dentro y revivo toda la situación y no puedo evitarlo, ¡simplemente no puedo perdonarlos!»

Danila: «¿Y cómo te sientes al respecto?»

Patricia: «Pues, como te puedes imaginar, muy mal. Me siento mal por no tener la capacidad de perdonar, me siento mal porque sé que estoy desobedeciendo a Dios, me siento mal por se tan inmadura, y podría seguir si quieres...»

Danila: «No hace falta, Patricia. Entiendo tus sentimientos y tu dolor. Pero dime, ¿cómo te gustaría sentirte? ¿Qué tipo de sentimientos te gustaría experimentar?»

Patricia: «Pues me gustaría poder estar libre de rabia, en paz con la situación. Me gustaría poder pasar de página, porque este problema me tiene como estancada emocionalmente. No disfruto de la vida, y no quiero estar así.»

Danila: «Entiendo, Patricia. ¿Y qué es lo que te impide dejar el problema atrás? Si te entendí bien, no te gusta la situación que estás viviendo, no estás a gusto. Para usar tus propias palabras, me has dicho que estás "estancada emocionalmente".»

Patricia: «Sí, me entendiste bien. Creo que el dolor es lo que me impide seguir adelante. ¡No sé qué hacer con él!»

Danila: «¿Qué te parece si lo vemos desde una perspectiva espiritual? Desde ese punto de vista, ¿qué puedes hacer con ese dolor que todavía es real y está ahí perturbándote?»

Patricia: (Pensativa) «Sé que la Biblia dice que lo reconozca, que lo admita y que se lo entregue a Dios. Alguna vez lo he hecho, te lo aseguro, pero vuelve... Es un dolor recurrente.»

Danila: «Dime, ¿cuántas veces respiras al día?»

Patricia: «No lo sé, nunca lo he pensado. Pero, ¿qué tiene que ver con mi dolor?»

Danila: «Todo y nada. Permite que me explique. Todos nosotros respiramos tantas veces como lo necesitamos. Cuando nuestro cuerpo está en reposo, baja la frecuencia de la respiración. En pleno esfuerzo, aumenta. El organismo nos "pide" lo que debemos hacer. Entonces, ¿cuántas veces deberías entregarle ese dolor a Dios?»

Patricia: «¿Quieres decir que no es una vez y ya está? ¡Nunca lo había pensado de ese modo! Siempre creí que uno oraba, le pedía a Dios que se hiciera cargo, y ya estaba todo listo. Ahora, si te entendí bien, veo que debería entregarle ese dolor al Señor cada vez que lo sienta, tantas veces como sea necesario.»

Danila: «Me entendiste bien. ¿Qué vas a hacer al respecto?»

Patricia: «¡Sin duda voy a aplicarlo! ¡Estoy harta de vivir así!»

Ahora piensa...

1. Qué cosas hizo Danila

2. Qué cosas no hizo

3. De qué forma utilizó las herramientas básicas del coaching explicadas en este libro

4. De qué modo uso uno o todos los elementos del modelo COACH

5. Qué principios de trabajo puedes identificar

6. En qué situaciones familiares podría aplicarse lo aprendido por medio del estudio de este caso

Notas

1. Más información en: Keith E. Webb, «Cross-Cultural Coaching» en Denise Wright, et al., Coaching in Asia: The First Decade (Singapore: Candid Creation Publishing, 2010).

2. No estoy solo en esto. Cuando las personas aprenden cosas, suelen poder hablar de estas mucho antes de empezar a hacerlas. Peter Senge, The Fifth Discipline: The Art and Practice of The Learning Organization (NY: Currency Doubleday, 1990), 377.

3. Los cristianos tienen esta ventaja. Sin embargo, no es necesario hacer referencia explícita a Dios para poder reflexionar sobre el llamamiento. Se puede llegar casi a lo mismo con el lenguaje cotidiano, preguntando: «¿Cuál piensas que es tu vocación en la vida?» o «¿Qué potencial tienes todavía por desplegar?». Naturalmente, sin la perspectiva de Dios, las respuestas serán incompletas.

4. Richard Foster, Celebration of Disciplines: The Path to Spiritual Growth (New York: HarperCollins, 1988), 185.

5. Keith R. Anderson y Randy D. Reese, Spiritual Mentoring: A Guide for Seeking and Giving Direction (Downers Grove, IL: Intervarsity Press, 1999), 21.

6. Chris Argyris y Donald Schon, Organizational Learning: A Theory of Action Perspective (Reading MA: Addison-Wesley, 1978).

7. Steven R. Covey, The 7 Habits of Highly Effective People: Powerful Lessons in Personal Change (New York: Fireside, 1989).

8. Malcom Knowles, et al., Andragogy in Action: Applying Modern Principles of Adult Education (San Francisco: Jossey-Bass, 1984), Appendix D.

9. Puedes escribir en Google las palabras «snow on car commercial» para encontrarlo.

10. Lyle E. Schaller, The interventionist. Un marco conceptual y preguntas para consultores de iglesias, ministros interinos intencionales, abanderados de la iglesia, pastores que se plantean un nuevo llamamiento, ejecutivos denominacionales, el pastor recién llegado, asesores y otros intervencionistas intencionales de la vida congregacional. (Nashville, TN: Abingdon Press, 1997), 15.

11. Ibid., 15.

12. Jane Vella, Learning to Listen, Learning to Teach: The Power of Dialogue in Educating Adults (San Francisco: Jossey Bass, 1994), 73.

13. Peter Block, The Answer to How is Yes: Acting on What Matters (San Francisco: Berrett-Koehler, 2002), Prefacio.

14. La verdad es que yo jamás he preguntado WWJD (las siglas correspondientes en inglés a «¿Qué haría Jesús?»). He añadido esta pregunta a la lista para hacer sonreír a los amigos de mi pastor de jóvenes.

15. John Whitmore, Coaching For Performance: Growing People, Performance and Purpose (3th ed.) (London: Nicholas Berkley, 2002), 139.

16. Burton Watson, Han Fei Tzu (Columbia University Press, 1964), citado en Sheh Seow Wah, Chinese Leadership (Singapore: Times Editions, 2003), 66.

17. Roger von Oech explora la mentalidad de buscar «la respuesta correcta» y otros impedimentos a la creatividad en A Whack on the Side of the Head: How to Unlock Your Mind for Innovation (NY: Warner Books, 1983).

18. John Kotter, Leading Change (Boston, MA: Harvard Business School Press, 1996).

19. Una mitad de este libro está escrita en Singapur, y la otra en Bellevue, Washington.

20. George T. Doran, «There's a S.M.A.R.T. Way to Write Management's Goals and Objectives», Management Review 70 (November 1981), Issue 11 (AMA FORUM): 35-36.

21. Este era un paso práctico anterior: Que la persona haga una lista de todas las actividades que tiene y de todas sus relaciones, y luego las clasifique conforme al estrés que conllevan. Este ejercicio ayuda al coach y a la persona a tomar conciencia de la realidad y a actuar con más conocimiento de causa.

22. Jeffrey Schwartz, un psiquiatra e investigador de la Facultad de Medicina de UCLA, ha llevado a cabo un estudio fascinante y concluyente sobre la neuroplasticidad autodirigida del cerebro. Un libro práctico y reciente es: Jeffrey M. Schwartz y Rebecca Gladding, You Are Not Your Brain: The Four Step Solution for Changing Bad Habits, Ending Unhealthy Thinking, and Taking Control of Your Life (NY: Avery, 2010).

23. Se puede encontrar un interesante resumen de estudios en: Richard E. Nisbett, The Geography of Thought: How Asians and Westerners Think Differently... and Why? (New York: Free Press, 2003), 53-56, o Aik Kwang Ng, Why Asians are Less Creative Than Westerners (Singapore: Prentice Hall, 2001).

24. Gary Rolfe, Dawn Freshwater y Melanie Jasper (eds.) Critical Reflection for Nursing and the Helping Professions (Basingstoke, U.K: Palgrave, 2001).

25. Thomas L. Friedman, The Lexus and the Olive Tree: Understanding Globalization (NY: Anchor Books, 2000), 370.

26. ICF Global Client Coaching Study: Executive Summary (Lexington, Kentucky: International Coach Federation, April 2009).

27. Más información sobre el programa Curso Certificado de Técnicas Fundamentales de Coaching en español en: http://creativeresultsmanagement.com/spanishCORE

28. Éxodo 4.10-12, LBLA.

Acerca de los
AUTORES

Félix Ortiz estudió Historia en la Universidad de Zaragoza y obtuvo dos maestrías en Educación, una en el Southwestern Baptist Theological Seminary de los Estados Unidos, y la otra en la Universidad Nacional de Educación a distancia de España. Además de ser uno de los pioneros en el desarrollo de la pastoral juvenil en el mundo de habla hispana, de haber escrito numerosos libros sobre el tema, entre ellos «Raíces: pastoral juvenil en profundidad», «Líderes posmo» y «Conexión posmo», y de haber capacitado a miles de líderes durante años, Félix es coach profesional certificado. Llevó a cabo sus estudios de coaching en el Reino Unido y los Estados Unidos. En la actualidad enseña esta materia en instituciones universitarias de América Latina y España. Félix trabaja desde hace más de 40 años con Ágape (conocida en América Latina como Cruzada Estudiantil y Profesional Para Cristo). Tiene dos hijos, Andreu y Anna, y está casado con Sara, con quien comparte su pasión por la capacitación. Juntos pastorean la Iglesia Bautista Bona Nova de Barcelona, España.

Keith E. Webb, Doctor en Ministerio, es un coach profesional certificado, y se desempeña como consultor y conferencista especializado en desarrollo del liderazgo. Es el fundador y director ejecutivo de Creative Results Management, un equipo de formación global de Church Resource Ministries, centrado en equipar a pioneros en el ministerio. Keith vivió durante 20 años en Japón, Indonesia y Singapur, dónde diseñó y elaboró programas de desarrollo de líderes dirigidos a líderes cristianos de más de 70 países. Es el autor de Overcoming Spiritual Barriers in Japan (Superando las barreras espirituales en Japón) y es coautor de Coaching In Asia: The First Decade (Coaching en Asia: La primera década). Actualmente Keith vive cerca de Seattle con su esposa Lori y sus dos hijos, Benjamin y Jessica.

CRM EMPOWERING LEADERS

CRM (Church Resource Ministries) es un movimiento dedicado a desarrollar líderes para fortalecer y multiplicar la iglesia por todo el mundo.

Somos más de 400 misioneros de CRM viviendo y trabajando en zonas urbanas, suburbanas y rurales de todo el planeta. Intentamos vivir los valores primordiales del carácter, las relaciones, la misión y la pasión espiritual en una amplia variedad de contextos de ministerio. Nuestro trabajo está inspirado tanto en la pasión por la Iglesia tal cual es, como en la visión de la Iglesia como puede llegar a ser. El corazón de este proceso es desarrollar líderes comprometidos con ambas cosas.

El trabajo de CRM por el mundo es variado y a veces complejo, pero el propósito sigue siendo el mismo: desarrollar líderes para fortalecer y multiplicar la iglesia... para que el nombre de Dios sea reconocido ente las naciones.

www.crmleaders.org

Creative Results Management
BRIDGING THE KNOWING-DOING GAP

Active Results. LLC

Formación para multiplicar el impacto de su ministerio

Creative Results Management y su asociado Active Results Spain ofrecen múltiples posibilidades de formación basada en el modelo COACH™, en las que se equipa a los líderes en el ministerio para dirigir con más eficacia.

Basándose en una amplia experiencia de coaching y formación en desarrollo de liderazgo por todo el mundo, ambas organizaciones, lideradas por Keith E. Webb y Félix Ortiz, proporcionan resultados determinantes, útiles y relevantes.

Curso Certificado de Técnicas Fundamentales de Coaching en español

Gestione los resultados aprendiendo a ejercer el coaching a nivel profesional. Desarrolle una cantera de nuevos líderes, concentre los esfuerzos, aporte su contribución, saque a relucir nuevas ideas y ayude a otros a vivir conforme a su llamamiento. Este programa cumple con los requisitos de una formación en coaching certificada.

Taller sobre cómo integrar las herramientas de coaching en su estilo de liderazgo

Haga reflexionar a su equipo u organización sobre sus actuales estilos de comunicación y liderazgo, y cree una composición única de esquemas mentales y aptitudes de coaching que darán mayor eficacia a su ministerio. Lleve esta experiencia de uno, dos o tres días a su iglesia, misión u organización.

Para recibir más información sobre estos y otros programas, visite:

http://activeresults.es

si
trabajas
con jóvenes
nuestro
deseo es
ayudarte

EJ Especialidades Juveniles.com

Nos agradaría recibir noticias suyas.
Por favor, envíe sus comentarios sobre este libro
a la dirección que aparece a continuación.
Muchas gracias.

Vida@zondervan.com
www.editorialvida.com